cahiers libres/essais

DU MÊME AUTEUR

Politique économique et planification au Liban, 1953-1963, Imprimerie universelle, Beyrouth, 1964.

Contribution à l'étude des sociétés multiconfessionnelles, LGDJ, Paris, 1970.

L'Économie arabe au défi (en arabe), Dar el Taliat, Beyrouth, 1977.

La Dépendance économique – Les dettes du tiers monde au miroir de l'histoire (en arabe), Dar el Taliat, Beyrouth, 1980.

Le Développement introuvable (en arabe), Dar el Taliat, Beyrouth, 1981.

Co-auteur de *Dette et développement*, Publisud, Paris, 1982.

Le Proche Orient éclaté, La Découverte, Paris, 1984 (nouvelle édition : Gallimard, coll. « Folio », Paris, 1991).

Géopolitique du conflit libanais, La Découverte, Paris, 1987 (nouvelle édition sous le titre *Liban : les guerres de l'Europe et de l'Orient : 1840-1992*, Gallimard, coll. « Folio », Paris, 1992).

Renouvellements du monde arabe 1952-1982, Armand Colin, 1987 (en collaboration).

L'Avenir du Liban dans le contexte régional et international (sous la dir. de Paul BALTA et Georges CORM), Éditions ouvrières/EDI, Paris, 1990.

L'Europe et l'Orient. De la balkanisation à la libanisation, histoire d'une modernité inaccomplie, La Découverte, Paris 1991.

Conflits et identités au Moyen-Orient, 1919-1991, Arcantère, Paris, 1991.

La Mue (roman), Noël Blandin, Paris 1992.

Georges Corm

Le nouveau désordre économique mondial

Aux racines des échecs du développement

ÉDITIONS LA DÉCOUVERTE
9 *bis*, rue Abel-Hovelacque
PARIS XIIIe
1993

Si vous désirez être tenu régulièrement informé de nos parutions, il vous suffit d'envoyer vos nom et adresse aux Éditions La Découverte, 9 *bis*, rue Abel-Hovelacque, 75013 Paris. Vous recevrez gratuitement notre bulletin trimestriel **A La Découverte.**

ISBN 2-7071-2197-5

« Rien n'obscurcit aussi efficacement notre vision de la société que le préjugé économiste. »

Karl POLANYI, *La Grande Transformation.*

Introduction

Le sens perdu de l'économie politique

Des transformations économiques trop rapides dans un appauvrissement de la pensée

Les transformations qui ont affecté l'économie mondiale au cours des trente dernières années et, en particulier, les relations financières internationales ont été si rapides et si brutales que la théorie économique semble s'essouffler à expliquer rationnellement le rythme de telles transformations. Les analyses restent le plus souvent du domaine de la description plus ou moins exhaustive. Chez les néo-libéraux, elles gomment trop souvent des pans entiers de la réalité de ces transformations, dans tous les domaines où cela pourrait nuire à un tableau d'ensemble idyllique, vantant les mérites du capitalisme ayant enfin démontré partout sa supériorité, après que le cauchemar des utopies socialistes a pu enfin être dissipé. Chez les économistes plus critiques, les analyses étalent les nombreuses imperfections du capitalisme triomphant, son dévoiement dans des mécanismes pervers, mais la réflexion méthodologique sera plus de nature philosophique, existentialiste ou morale.

C'est pourquoi l'effondrement des systèmes socialistes au cours des dernières années, loin de susciter dans les sciences économiques un regain de réflexion critique, théorique ou analytique, a conforté un néo-libéralisme conservateur et antiétatique dont le thatchérisme, puis le reaganisme avaient posé les fondements. Cependant que du côté de la réflexion critique, on parvient mal à saisir comment sortir du tunnel et corriger les mécanismes pervers.

C'est dans ce vide intellectuel que se posent aujourd'hui des problèmes extrêmement graves : corrections des dérapages économiques dans les pays les plus développés, réorganisation des économies des pays issus de l'effondrement de l'Union soviétique et du bloc communiste, ainsi que de nombreux pays du tiers monde qui avaient suivi la voie socialiste. Le sort de millions d'êtres humains repose ainsi presque exclusivement sur les recettes des bureaucraties nationales des grands pays capitalistes dispenseurs d'aide au développement et leurs prolongements dans les structures des organismes internationaux de financement, tels que la Banque mondiale, le Fonds monétaire international, le PNUD (Programme des Nations unies pour le développement). Quelques professeurs d'universités américaines prestigieuses complètent cet aréopage et servent de conseillers économiques aux nouveaux dirigeants des pays qui abandonnent le socialisme avec un zèle aussi suspect que celui avec lequel ils l'avaient embrassé.

Dans l'ancien empire soviétique, comme dans les parties du tiers monde les plus déstructurées économiquement, on ne voit guère en effet d'économistes tentant d'appréhender pleinement la complexité des situations, pour suggérer des solutions de transition visant à alléger les fardeaux et les souffrances des populations concernées. C'est une chape de plomb qui s'est abattue sur la pensée économique, à la mesure de l'ampleur des échecs subis par toutes les expériences de développement non capitalistes depuis le début de ce siècle. Il est vrai que les espérances mises dans les formules socialistes de développement pour rattraper les retards par rapport aux grandes nations industrielles capitalistes tenaient plus d'un messianisme politique en germe dans l'œuvre de Hegel et considérablement amplifié par l'énorme travail de recherche économique de Karl Marx, que de la rationalité calme et prudente des véritables initiateurs du libéralisme.

C'est cette vision prométhéenne de l'homme qui s'est en fait effondrée. Le vide intellectuel total lui a succédé, en matière politique tout autant que dans la science économique ; la philosophie des Lumières est en effet bien morte et avec elle le libéralisme de la révolution industrielle, au meilleur sens du terme, qu'elle avait engendré. Les réalités politiques, tout comme celles de l'économie, sont désormais constituées par une compétition hors de toute règle, parfois ouvertement violente, plus souvent feutrée, qui bouleverse partout les équilibres économiques, les structures sociales profondes.

Les lois du marché sont partout bafouées par de nouveaux phénomènes qui restreignent leurs bénéfices à des cercles sociaux d'initiés, de plus en plus puissants, agissant sans aucune entrave à l'échelle internationale. Certes, ces comportements font souvent l'objet de mises en accusation plus ou moins solennelles par certains économistes qui parviennent même à trouver de larges échos médiatiques, en particulier pour ce qui est de la généralisation des inégalités et de la corruption, le trafic de la drogue ou l'ampleur des problèmes écologiques posés par une industrialisation sauvage. Pourtant, en dehors de la nouvelle pensée libérale dénonçant partout avec véhémence les interventions de l'État, on a beaucoup plus rarement tenté jusqu'ici de comprendre les causes de la généralisation de ces phénomènes, leur acceptation par les États les plus développés, ou du moins l'impuissance de ces États à remettre de l'ordre, plus particulièrement dans le fonctionnement des relations économiques et financières internationales, dans les secteurs financiers et bancaires, les systèmes fiscaux.

Le triomphe incontestable du capitalisme industriel...

Plus aucun territoire n'est aujourd'hui fermé à la circulation des marchandises comme à celle des moyens de paiement internationaux. Même lorsque des États tentent d'empêcher cette circulation, les progrès fulgurants des systèmes de transport et de communication rendent les frontières de moins en moins contrôlables ; les produits et les moyens de paiement les plus divers circulent partout jusque dans les points les plus reculés de la planète.

Le paradoxe que nous vivons actuellement consiste d'ailleurs dans le fait qu'au moment même où le développement économique, tel qu'il a été impulsé par la révolution industrielle anglaise, triomphe incontestablement de façon éclatante, il échoue lamentablement à assurer un fonctionnement harmonieux du capitalisme libéral. Le triomphe est en effet partout : dans un progrès industriel ininterrompu, en particulier à travers la révolution électronique ; dans une généralisation de la consommation de masse, y compris celle des moyens de transport qui auraient dû être les plus dispendieux, parce que si rapides et donc fort gourmands en consommation d'énergie. Les moyens modernes de confort, notamment les appareils électroménagers, mais surtout les appareils audiovisuels, il y a trente ans encore objets de luxe pour les couches les plus favorisées de la population mondiale, ont pénétré aujourd'hui jusque dans les campagnes les plus pauvres et les plus reculées de la terre. Les espérances de vie ont partout augmenté par rapport au siècle dernier, même si elles restent très inégales d'une région à l'autre ; il en est de même de l'alphabétisation. Sur tous ces plans, le développement a tenu ses promesses ; il est essentiellement la résultante des formidables conquêtes du capitalisme industriel.

Des pays dévastés par des guerres aussi terribles que les deux guerres mondiales se sont reconstruits en l'espace de deux ou trois décennies, là où, autrefois, dans le monde préindustriel, il aurait fallu un siècle ou plus pour qu'une société retrouve ses équilibres démographiques et économiques. Bien plus, certains pays ont réussi à se sortir de la pauvreté absolue qui les frappait jusqu'au lendemain de la Seconde Guerre mondiale ; c'est le cas des nouveaux pays industrialisés d'Extrême-Orient, la Corée, Singapour, Taïwan, la Thaïlande, mais aussi la Malaisie. D'autres pays, démographiquement géants et donc particulièrement vulnérables, telles l'Inde et la Chine, ont su éviter les famines que leur prédisaient presque tous les agronomes au cours des années cinquante. Là encore, le bilan de la révolution agro-industrielle est positif. L'état du tiers monde n'est donc pas uniquement catastrophique et « l'occidentalisation du monde » n'est pas seulement une calamité, comme le disent certains[1].

1. Voir S. LATOUCHE, *L'Occidentalisation du monde*, La Découverte, Paris, 1989.

... s'accompagne aussi de très nombreux échecs

Mais le libéralisme, en même temps, est aussi sur le point d'échouer partout. Son propre triomphe semble le perdre dans l'aveuglement des dysfonctionnements qui le frappent en de très nombreux points de la machine économique internationale, qu'il dirige en maître absolu depuis que les barrières mises à son expansion par les systèmes socialistes se sont effondrées. Nous avons évoqué l'économie grandissante de la drogue, modèle nouveau et pervers des rapports Nord-Sud, les problèmes de la pollution, le développement généralisé de la corruption au Nord comme au Sud. A cela, il faut ajouter, bien sûr, la détresse grandissante de vastes régions du tiers monde, celles où la révolution industrielle n'a pas pris, en particulier en Afrique, au Moyen-Orient ainsi que dans de larges zones de l'Amérique latine et du continent indien. Aux portes de l'Europe, c'est le Maghreb qui renvoie les images de tous les échecs des recettes du développement. Ce tiers monde-là croule sous le poids des dettes qu'il a accumulées à l'égard de l'Occident riche ; il se caractérise par une stagnation scientifique et technique totale, le chômage généralisé des jeunes, la pauvreté rurale, la bidonvillisation urbaine, l'exode des cerveaux et l'émigration sauvage vers les centres de la richesse en Occident.

L'échec du libéralisme, tel qu'il commence à apparaître en lumière de plus en plus crue, c'est aussi le nouveau tiers monde qui se forme en Europe de l'Est et dans les républiques issues de l'ex-URSS. Cet échec consiste, comme nous l'avons déjà évoqué, dans l'incapacité de plus en plus patente des puissances économiques dominantes, si riches soient-elles, à atténuer les chocs de la transition du socialisme au capitalisme, à empêcher la paupérisation de vastes couches de la population, à aider les nouveaux États à maintenir les instruments de la souveraineté économique face à des relations économiques et financières internationales de plus en plus inégales et sauvages.

L'échec du libéralisme, enfin, c'est aussi l'accroissement des inégalités non seulement à l'échelle mondiale, mais aussi à l'intérieur même du bloc des pays les plus riches, ainsi que la montée du chômage, l'affaissement du niveau de vie des classes moyennes et l'élargissement des zones de marginalité économico-sociale, en particulier dans toutes les grandes métropoles du monde industrialisé.

C'est ce moment paradoxal d'un triomphe incontestable du développement économique, accompagné d'échecs aussi patents, qui devrait être le plus fructueux pour stimuler en profondeur la réflexion économique. Peut-être les stigmates de la guerre froide sont-ils encore trop forts pour que le temps de cette réflexion soit venu. Le triomphe est en effet si peu modeste, d'un côté, l'effondrement si total, de l'autre, que le dialogue raisonné ne peut encore se nouer. Il ne faut pas non plus se cacher que, dans la paralysie économique ou même l'effondrement économique et parfois aussi politique de certains acteurs importants des relations internationales de l'après-Seconde Guerre mondiale, c'est toute la réflexion sur les mécanismes du commerce international et leurs bienfaits qui s'est à son tour effondrée. La haine du tiers-mondisme exprimée par les conservateurs libéraux triomphants ainsi que l'oubli de toutes les questions soulevées au cours des années soixante-dix pour un ordre économique international plus juste font le reste[2]. Il est considéré en effet de trop mauvais goût, pour les libéraux ultra-conservateurs, de revenir à cette période « sombre » de l'histoire économique contemporaine où certains pays du tiers monde, avec la complicité de l'URSS, l'activisme de la Chine, voulaient refaire le monde et redistribuer les richesses à coups de résolutions des Nations unies votées massivement par tous ces nouveaux venus à l'ordre international.

On se contente donc d'un credo libéral ultra simplifié, pratiqué depuis quelques années par toutes les bureaucraties nationales et internationales de la coopération et de l'aide au développement : équilibre budgétaire, promotion des exportations et compression de la consommation interne, dévaluation, privatisation, etc. Bref, l'inverse de la plupart des recettes économiques prêchées durant les « trente glorieuses » de la croissance économique mondiale (1945-1975), y compris par les grands pays industrialisés ; on a trop vite oublié, en effet, que l'État était alors considéré comme l'acteur principal

---

2. On peut citer ici, à titre d'exemple : P. BRUCKNER, *Les Sanglots de l'homme blanc*, Le Seuil, Paris, 1983 ; C. RANGEL, *L'Occident et le tiers monde*, Laffont, Paris, 1982 ; et J.-C. RUFIN, *L'Empire et les nouveaux barbares. Rupture Nord-Sud*, Lattès, coll. « Pluriel », Paris, 1991 ; ainsi que les nombreux ouvrages de Guy SORMAN.

et incontournable de la croissance et du développement ; il lui revenait de manipuler les grandes variables économiques afin d'assurer un niveau de dépense globale suffisant pour la croissance et de protéger les nouvelles industries dans leurs premières phases de développement. En dépit de l'échec des nouvelles thérapies sommaires pratiquées sur beaucoup de pays du tiers monde, elles restent plus que jamais à l'honneur et sont mises en œuvre avec enthousiasme sur les pays de l'Europe de l'Est et ceux issus de l'ex-URSS.

Les cheminements et contradictions de la modernité économique

Pourtant, les problèmes sont là, plus lancinants que jamais et rien ne sert de les ignorer. Il faut donc tenter d'y voir un peu clair, de déterminer les données de façon un peu précise afin de poser les vraies questions et de pouvoir discuter de solutions plus adéquates. C'est pour avoir été souvent sur le terrain au cours des dernières années, en tant que consultant économique d'organismes publics ou privés, des pays industrialisés ou des pays du tiers monde, ainsi que d'organismes internationaux, que je m'aventure ici à livrer des réflexions sur la perversion des mécanismes économiques et sur la dégradation du statut de la science économique, ainsi que des suggestions sur les moyens d'y faire face. Cet effort de réflexion que je livre ici a été conduit en dehors de tout cadre purement théorique ou de toute position idéologique dogmatique en matière d'économie. Ayant eu aussi la possibilité d'enseigner l'économie et donc d'avoir à approfondir des connaissances théoriques dans ce domaine, il m'est en effet vite apparu que le libéralisme et le socialisme sont tous deux issus de la même philosophie des Lumières et de l'évolution de l'économie mondiale impulsée à partir du XVIIIe siècle par la révolution industrielle. Ils sont, en fait, partie intégrante des mécanismes de « modernisation » ou en d'autres termes, de développement, même s'ils ont développé des visions totalement contradictoires de ce vers quoi doivent tendre les systèmes économiques pour assurer le bonheur et la prospérité des sociétés humaines. La source d'inspiration des grands modèles théoriques du capitalisme ou du socialisme, c'est-à-dire des modèles du développement économique, est cependant bien la même, la croyance dans la possibilité du progrès matériel continu à travers des systèmes intégrés de promotion des arts, des sciences et de l'industrie.

On peut parler d'occidentalisation du monde, comme on parlait, au XIXe siècle, d'européanisation, lorsque ces mécanismes du développement économique pénètrent toutes les vastes zones du globe restées hors du mouvement des Lumières et de la révolution industrielle européenne ; on peut parler aussi d'idéologie du développement. Ces termes, chargés d'émotionalité, importent peu en définitive, même s'ils brouillent souvent les enjeux intellectuels et pratiques de la réflexion économique. La réalité, elle, est là : la transformation des sociétés qui s'ouvrent à l'échange international et à la consommation de biens et de services de type moderne. Trop souvent, en effet, on oublie que le développement est d'abord un travail de changement social et politique à l'intérieur d'une société ; à ce titre, il suscite des oppositions, des pesanteurs, des contre-mécanismes. L'œuvre de Karl Marx nous l'avait bien décrit pour ce qui concerne la révolution industrielle. Les lois politiques positives qu'il avait voulu en tirer, animées par un substrat de messianisme quasi religieux tournant autour de la fonction rédemptrice du prolétariat, ont malheureusement atténué la portée explicative de ses recherches. Tout au long de ce siècle, la science économique sera déchirée par des querelles dogmatiques qui la figeront dans des modèles contradictoires et opposés, caractérisés par un très haut degré d'abstraction théorique, de nature philosophico-mystique.

L'émiettement des savoirs économiques

C'est ainsi que l'économie cessera d'être politique, au sens noble du terme. Son corpus se scindera en disciplines différentes, elles-mêmes isolées des autres sciences sociales telles que l'histoire, la sociologie, la démographie, la science politique. Les économistes deviendront des spécialistes du marketing, de la gestion, du commerce international, du développement du tiers monde, de la monnaie, des finances, etc. Dans ce processus de fragmentation du savoir, les ingénieurs deviendront souvent les vrais décideurs économiques ; leurs rêves de puissance industrielle et de modernisme, de maîtrise physique de l'espace, de construction de systèmes sur lesquels ils soient seuls à avoir la haute main, deviendront une des réalités économiques majeures dont l'économiste, ignorant des domaines techniques où l'ingénieur est seul roi, devra prendre acte sans avoir pu développer la moindre analyse critique. L'économie, pour garder son statut de science, aura alors tendance à s'évader dans la construction de modèles mathématiques abstraits, de plus en plus impuissants à rendre compte de la complexité du réel et à apporter une contribution positive aux problèmes aigus posés par le développement continu des sociétés.

Ce n'est que progressivement, dans la pratique du métier de banquier que j'ai exercé durant dix-sept ans, que j'ai réalisé combien mes connaissances d'économiste étaient peu aptes à véritablement juger de la nature des risques économiques géants que les mécanismes modernes de crédit faisaient assumer aux États et donc à la collectivité. Les ingénieurs étaient rois dans le domaine, le banquier économiste ne pouvait que se fier aveuglément à la réputation des grands bureaux d'études qui lui livraient des centaines de tableaux d'analyses des coûts auxquels il ne pouvait rien comprendre.

Ma sensation de malaise s'est aggravée, lorsque j'ai fait du « terrain » de façon plus large qu'à partir des différentes administrations publiques et institutions bancaires où j'avais jusque-là exercé. En tant que consultant d'organismes internationaux ou de certaines administrations nationales, mes interventions d'« expert », dans le cadre du fractionnement très poussé des sciences économiques, étaient toujours sollicitées sur une petite partie du fonctionnement de la machine économique. A chaque fois, cependant, j'étais poussé à regarder plus loin pour mieux comprendre le problème localisé. De fil en aiguille, j'étais ainsi amené à découvrir que la solution sérieuse à ce problème était liée au traitement d'autres questions plus larges. Souvent aussi, je me heurtais à des décisions déjà prises, aux conséquences irréversibles, par des ingénieurs ou des juristes et où, en tant qu'économiste spécialisé en matière financière, je n'avais pas mon mot à dire ; mes interlocuteurs avaient alors du mal à accepter le fait que le problème à traiter n'était pas véritablement financier, mais relevait d'autres domaines.

J'étais ainsi amené à des efforts supplémentaires de réflexion pour tenter de comprendre et de faire comprendre comment de telles décisions, si peu rationnelles économiquement, avaient pu être prises par un gouvernement ou une grande administration publique ; ainsi se découvraient à moi non seulement le jeu énorme des intérêts matériels ayant pu motiver telle ou telle décision, mais aussi les visions idéologiques du développement animant les décideurs politiques et administratifs et qui pouvaient légitimer, à leurs yeux, la satisfaction de ces intérêts matériels plus ou moins bien perçus.

Peut-on encore retrouver un sens à l'économie politique ?

Dans le présent essai, ce sont les leçons de toutes ces expériences que je tenterai de synthétiser. Ce faisant, mon but sera d'aider à retrouver un sens à l'économie politique. Car la « science » économique a aujourd'hui partout cédé le terrain à des spécialités diverses et éclatées, se réclamant de l'économie, mais évoluant dans un vide intellectuel fait d'une incompréhension ou d'une méconnaissance du fonctionnement global des structures socio-politiques. Les grands mots d'ordre du néo-libéralisme conservateur triomphant ne sauraient évidemment combler un tel vide. Ces mots d'ordre uniformes ignorent la spécificité des contextes dans lesquels sont prises les nouvelles décisions économiques visant à généraliser l'économie de marché, à réduire les espaces d'intervention de l'État, à privatiser les entreprises publiques, à exporter toujours plus.

Ces mots d'ordre sont aujourd'hui généralisés, ils concernent les pays déjà développés eux-mêmes, tout comme ceux que l'on nomme en voie de développement, ainsi que les pays de l'Est et de l'ex-URSS. Certes, dans cet essai, je me pencherai peut-être un peu plus sur le cas de ces dernières catégories de pays, car ce sont eux qui posent le plus de problèmes. Je tenterai cependant, à chaque fois, de montrer les liens existants entre les problèmes que connaissent ces pays et le blocage, la rigidité ou les perversions de mécanismes économiques qui affectent l'économie des pays développés eux-mêmes et donc les structures de fonctionnement des échanges internationaux.

La réflexion pertinente d'économie politique ne peut en effet qu'être une. On ne peut comprendre les problèmes de sous-développement si l'on n'a pas au préalable une connaissance historique des différentes problématiques susceptibles d'avoir conduit à la révolution industrielle, mais aussi si l'on est ignorant de l'histoire économique, sociale et politique des sociétés dites sous-développées. Il n'y a donc pas deux branches de l'économie politique, une pour les pays déjà totalement industrialisés, l'autre pour ceux qui tentent de le devenir. Il y a des situations historiques différentes, mais des mécanismes économiques uniques, même s'ils ont des effets totalement différents du fait de l'hétérogénéité des contextes. C'est une des conséquences de la désagrégation de l'économie politique que d'avoir scindé en disciplines séparées l'économie dite du sous-développement de l'économie des pays dits développés. Mais pourquoi s'étonner : le même phénomène n'a-t-il pas été à la base de la rupture entre une économie libérale de marché et une économie marxiste antilibérale ?

L'ensemble des réflexions qui vont suivre s'efforcent donc de rétablir un sens commun à une économie qui ne peut être que politique. Elles se sont organisées autour des thèmes que nous venons de préciser et que nous retrouverons, sous des éclairages différents, dans chaque chapitre.

Qu'il nous soit permis ici de dire combien nous sommes redevables du développement de ces réflexions à de nombreux amis économistes. C'est en effet durant l'exercice de certaines de mes fonctions, puis au cours de nombreuses missions d'expertise économique, que s'est progressivement forgé le questionnement général de l'économie exprimé dans les pages qui vont suivre. Ma première dette en ce domaine va à Talhat Yaffi, aujourd'hui disparu, qui m'a poussé à écrire mon premier ouvrage, consistant en une critique des approches de la planification au Liban, et qui a, par la suite, guidé mes premiers pas dans les arcanes bancaires internationales. André Sousbie, au cours d'une mission d'expertise qu'il faisait auprès du ministère du Plan au Liban où j'étais moi-même jeune économiste, m'a encouragé, il y a trente ans, à la critique des recettes du développement telles que pratiquées par les « experts ».

Par la suite, j'ai toujours pu avoir, tout au long des trente dernières années, des discussions très stimulantes avec des collègues au sein des institutions dans lesquelles j'ai travaillé ou des organismes internationaux avec lesquels j'ai collaboré dans des missions de terrain ; plus particulièrement, les missions réalisées dans le cadre des activités de la Banque mondiale m'ont permis des discussions très poussées pour lesquelles je dois remercier certains de mes interlocuteurs, fonctionnaires de la Banque, aujourd'hui amis, pour leur patience à supporter et discuter mes points de vue. Je suis aussi très redevable à la Commission économique des Nations unies pour l'Asie de l'Ouest, en particulier à Zaki Fattah, qui m'a encouragé au cours des quinze dernières années à développer une réflexion critique sur les processus de transfert de technologie dans le monde arabe.

Dans ce domaine, je dois beaucoup à mes discussions avec Antoine Zahlan et à la lecture de ses stimulants travaux sur l'inadaptation des systèmes éducatifs arabes et sur les causes du non-développement des industries arabes. Avec Christian Comeliau, rencontré dans le cadre des travaux prospectifs d'INTERFUTURS à l'OCDE, les discussions et échanges d'expériences m'ont toujours poussé à plus de réflexion.

Les lectures d'ouvrages anglo-saxons sur le développement des processus historiques d'innovation industrielle, de même que mes lectures sur l'histoire économique du Japon m'ont permis d'opérer des révisions fondamentales sur les visions économiques qu'avaient pu me donner mes manuels universitaires ou l'environnement idéologique très intense dans le domaine économique auquel tout économiste de ma génération a été soumis. Dans le corps du texte, j'ai cité certains de ces ouvrages ; le lecteur pourra se reporter à d'autres titres dans l'annexe bibliographique.

Qu'il me soit permis, enfin, de dire l'importance de ma dette intellectuelle vis-à-vis de mes amis algériens avec qui, durant plus vingt ans, j'ai eu un contact constant et continu ; au cours des dernières années, mon implication à la fois amicale et professionnelle dans la réforme économique algérienne, auprès de Ghazi Hidouci et Abderrahmane Hadj-Nacer, a été particulièrement féconde. C'est aux discussions avec ces deux amis que je dois la stimulation de la réflexion sur le rôle des ingénieurs, ainsi que sur les différents comportements de rentiers que développe toute économie de caractère centralisé.

Si j'ai tenu ici à exprimer mes différentes dettes intellectuelles en économie, il va de soi que les opinions exprimées dans cet ouvrage n'engagent que moi, sur le fond comme sur la forme.

1

Vaincre la pauvreté ou la naissance de l'économie politique

Le prince, le pauvre et le mendiant

L'économie politique, dans toutes les civilisations et sous toutes ses formes, s'est voulu une science de la gestion des ressources et de l'administration des hommes, de leur richesse comme de leur pauvreté. Ce fut, de tout temps, une science enseignée aux princes, rois, empereurs, gouverneurs de province, riches propriétaires, piliers des pouvoirs en place, en bref, une discipline de la chose publique (*res publica*).

La pauvreté fut considérée longtemps comme un fait naturel, une donnée de l'ordre des choses. La richesse ne pouvait qu'appartenir à un petit nombre : princes, marchands, guerriers, prêtres. Les plus cléments parmi ces castes de puissants étaient ceux qui, par leur bonne gestion, pouvaient nourrir et protéger le plus grand nombre de pauvres sur leurs domaines, voire leur assurer un statut de protection, plus ou moins étendu, en tant qu'esclaves ou serfs, métèques, etc. Hors de ces protections statutaires accordées à la pauvreté, les êtres humains étaient condamnés à la mendicité et au vagabondage. Durant des siècles, paganisme, religions monothéistes ou sagesse d'Extrême-Orient avaient participé à faire accepter l'autorité de droit divin, la pauvreté, la mendicité et le vagabondage comme les parties aussi inchangeables et inéluctables du paysage social que peuvent l'être quotidiennement le lever et le coucher du soleil.

On le sait aujourd'hui, de grands empires comme la Chine, l'Inde, le califat abbasside de Bagdad, sans parler des civilisations pharaoniques ou mésopotamiennes antiques, de la civilisation grecque, de l'Empire romain, avaient atteint des degrés de connaissance élevés en mathématiques, en urbanisme et architecture, en astronomie, en médecine, en pyrotechnique. Toutefois, jamais dans ces civilisations, la pauvreté ne fut considérée comme un phénomène que l'on devait et que l'on pouvait vaincre. La pauvreté, au sens moderne du terme, n'était pas perçue dans toutes ces brillantes civilisations urbaines et commerçantes comme un phénomène pervers et aberrant dû à une exploitation insuffisante du potentiel des ressources naturelles ainsi qu'à une méconnaissance des capacités de l'ingéniosité humaine. Peut-être est-ce les civilisations non urbaines d'Afrique ou des Amériques précolombiennes qui avaient le mieux pris conscience de la pauvreté pour avoir su la gérer à travers des systèmes égalitaires et très savants de répartition des ressources naturelles disponibles [1]. Certains ethnologues ont décrit de façon remarquable l'ingéniosité de ces systèmes et ont montré comment ces civilisations n'ont en fait guère connu la pauvreté avant l'arrivée des Européens conquérants ; ce sont ces derniers qui détruiront allégrement les systèmes d'équilibres démographiques et économiques bâtis par elles.

Quant au monde des grands systèmes de pouvoir urbain, il connaissait parfois les révoltes de gueux, les frondes, les jacqueries paysannes, mais jamais l'idée osée et révolutionnaire de comprendre la pauvreté et donc de pouvoir agir pour la supprimer n'avait animé un prince, un guerrier, un marchand ou un prêtre si éclairé soit-il. C'est pourquoi, jusqu'au XVIIe siècle, qui marque l'éclosion du mercantilisme comme première théorie économique moderne, les connaissances économiques restèrent limitées à la gestion et l'administration des ressources existantes. Le seuil critique du modernisme ne sera franchi qu'un peu plus tard, grâce aux idées mercantilistes, lorsque la conviction sera acquise que le prince peut aider à la création de la richesse pour lui-même et

1. Voir, à ce sujet, M. SAHLINS, *Age de pierre, âge d'abondance*, Gallimard, Paris, 1976.

les sujets de son royaume. Jusque-là, seule la guerre et la conquête enrichissaient les royaumes et leurs princes ; le commerce n'enrichissait que des individus. C'est le mercantilisme qui ouvrira la porte de la modernité économique ; il démontrera en effet que le prince, en encourageant la production supplémentaire de biens par ses sujets et en dégageant des excédents de marchandises à vendre aux autres royaumes, pouvait créer de la richesse. La prospérité des royaumes ne dépendrait donc plus seulement d'une sage administration des ressources existantes, des caprices du climat et des fortunes militaires des princes, mais de séries de mesures affectant l'ensemble de la société pour l'inciter à créer de la richesse économique par l'effort collectif.

Naissance de l'État « rationnel » et des débats économiques idéologiques

Cette avancée dans la perception économique du monde avait été rendue possible en Europe par les progrès décisifs des techniques de navigation et de transport maritime. Ces progrès avaient en effet permis le contact intensif des Européens avec les autres civilisations, les autres modes de consommer et de produire. La multiplication des échanges et des connaissances, en particulier dans le domaine agricole, le déclenchement de mouvements démographiques et migratoires exceptionnels, dont nous reparlerons au chapitre 2, permettaient de casser définitivement la perception d'un ordre économique naturel figé. L'inéluctabilité de la pauvreté devenait moins certaine, la rigidité des statuts socio-économiques se mettait à craquer de toutes parts en Europe. L'économie politique moderne pouvait naître : la richesse, la pauvreté, le vagabondage et la mendicité devenaient des catégories de la perception positive susceptibles d'être orientées, encadrées, changées, recodifiées[2]. Au centre de cette nouvelle perception, le prince et son administration, l'État moderne puissant par sa rationalité. Hobbes et Machiavel

2. Voir, sur ce point le travail remarquable de G. HIMMELFARB, *The Idea of Poverty. England in the Early Industrial Age*, Faber and Faber, Londres, 1985. En français, on pourra se reporter à A. GUESLIN, *L'Invention de l'économie sociale. Le XIXe siècle français*, Economica, Paris, 1987.

seront les premiers grands théoriciens de l'État moderne et de sa capacité à changer la destinée humaine.

Paradoxalement, l'État rationnel portera en lui les germes contradictoires du totalitarisme et de l'individualisme. Supprimant progressivement, à partir de la Révolution anglaise, la rigidité des statuts socio-économiques, la civilisation européenne moderne, sous la pression de la philosophie anglaise libérale, valorisera l'individu, limitera les droits du prince, fera même de l'État le garant des libertés de l'individu, en particulier dans le domaine économique. Mais l'État restera aussi, à travers d'autres courants de pensée, en particulier dans la philosophie allemande et française, l'incarnation de la rationalité collective, auquel l'individu doit soumettre son égoïsme et son appétit de puissance. Aussi l'économie politique moderne a-t-elle été tiraillée entre les deux extrêmes que nous avons vécus au cours de ce siècle : tout à l'État et par l'État, tout à l'individu et pour l'individu. De qui dépendent la richesse et la pauvreté des nations ? De la puissance de l'État et des mécanismes collectifs qui assurent la création et la distribution des richesses ou exclusivement du dynamisme des individus et de la liberté dont ils peuvent jouir ?

Depuis le début des années quatre-vingt, nous sommes passés d'un extrême à l'autre de ces deux conceptions et les débats idéologiques ont fait rage. Ce faisant, nous avons évité les questions les plus vitales, sur la circulation du progrès technique créateur de richesse, ses blocages aggravant ou maintenant le vagabondage et la mendicité dans certains secteurs de la société ou dans certaines zones géographiques, créant de la sorte les inégalités de développement à l'intérieur d'un même pays et entre pays. Ces grandes questions, qui ont animé de façon féconde les débuts de l'économie politique moderne au siècle des Lumières, ont tourné court au XXe siècle, ne recevant plus que des réponses idéologiques simples et primaires, soulevant des passions philosophico-politiques trop intenses pour permettre la réflexion. La théorie économique s'est coupée de l'observation du réel dans la diversité de ses aspects, perdant ainsi ce qui, du temps des physiocrates et d'Adam Smith, lui avait donné son éclat et sa capacité à engendrer le changement positif. C'est pourquoi l'expérience de terrain des économistes, au cours des années de la guerre froide, ne semble guère avoir enrichi le débat, d'autant que l'économiste dans le monde moderne ne peut plus appréhender les complexités du réel. Comme nous le verrons au chapitre 2, l'ingénieur et le statisticien lui modèlent des réalités à leur convenance ou à celle des princes qui gouvernent.

L'économiste deviendra donc soit un spécialiste de la macroéconomie, travaillant sur des agrégats statistiques abstraits et des modèles simplificateurs de la réalité, soit un spécialiste de la microéconomie travaillant sur la gestion et le fonctionnement d'unités de base parfaitement hétéroclites. Certes, l'économie peut encore maintenir un certain statut dans les zones dites développées du monde où la richesse des appareils statistiques permet de mieux cerner les réalités, en dépit de larges zones d'obscurité qui subsistent ou se reconstituent. Mais sitôt entré dans le monde dit du sous-développement où n'existe aucune certitude statistique, aucune connaissance un peu précise des mécanismes socio-politiques, l'économiste redevient impuissant, livré à des modèles exclusivement idéologiques centrés sur des recettes macroéconomiques brutales, dénuées de tout raffinement que seule peut donner une analyse de la complexité du réel, et donc dangereuses ou contre-productives.

Aussi, si l'économiste peut encore prétendre connaître certains des mécanismes de la création de richesse en économie industrielle, tels que les économies d'échelles, la loi des rendements décroissants, l'obsolescence des techniques, les phénomènes de monopole et d'oligopole, il reste de plus en plus désarmé face au problème de la persistance aiguë de la pauvreté dans le tiers monde et de sa renaissance dans les pays riches eux-mêmes. Quant à l'effondrement des systèmes socialistes, elle n'a encore donné lieu, comme nous l'avons signalé déjà en introduction, à aucun sursaut de compréhension intellectuelle dans la littérature économique, en dehors des panégyriques lassants sur les mérites de l'économie de marché. Pourtant, jamais autant qu'aujourd'hui, malgré le siècle des Lumières et les conquêtes de la révolution industrielle, notre planète n'a été dominée par les trois figures du prince, du pauvre et du mendiant, qui semblait relever, il y a quelques années encore, d'une étape de l'histoire de l'humanité définitivement dépassée.

La reconstitution des économies de rentes improductives

Une des conquêtes principales de l'économie politique fut de découvrir comment de nouveaux agencements institutionnels et légaux pouvaient permettre de créer de la richesse. Mercantilistes, classiques, physiocrates ont façonné nos perceptions économiques modernes, en dénonçant toutes les entraves à la productivité sociale ainsi que les sources d'enrichissement à caractère négatif, c'est-à-dire qui n'impliquent pas un effort de création, un travail utile. Les anciennes rentes de type féodal, issues des formes de propriété passive, les monopoles opérant à l'abri de lois visant à empêcher la libre concurrence et donc la multiplication des producteurs ont ainsi été dénoncées avec énergie par les pères de l'économie moderne. Ces formes de profit et la richesse qu'elles pouvaient engendrer sont progressivement apparues immorales parce qu'elles ne résultaient pas du travail, du libre jeu de la concurrence, d'un mouvement cumulatif de création de richesses dont toute la collectivité profite. Seul l'État, représentant de la collectivité peut, aux yeux de certaines écoles de pensée, exercer des activités de monopole ou percevoir des rentes au profit de la société.

La notion de corruption et de parasitisme s'est ainsi progressivement développée dans l'entendement commun, comme incarnant l'improductivité et donc des formes d'appauvrissement social. Les institutions du féodalisme européen perdirent progressivement toute légitimité historique : la richesse et le luxe ne devaient profiter qu'à ceux qui les avaient acquis par un labeur créatif, utile au développement de la société. L'augmentation, depuis le début de ce siècle, des taux de la fiscalité directe, l'impôt sur les successions sont d'ailleurs venus corriger les imperfections du capitalisme moderne en tentant de réduire les situations de trop grande richesse, susceptibles d'inciter ceux ayant réussi outre mesure à créer de la richesse ou leurs héritiers à vivre dans des situations de parasitisme. L'État peut de la sorte acquérir plus de moyens financiers pour exercer, au bénéfice de la collectivité, des fonctions redistributives.

Cette vision de la modernité économique est aujourd'hui menacée non seulement par la généralisation des phénomènes de rentes improductives à l'échelle mondiale, mais aussi par les nouvelles modes intellectuelles de l'ultra-libéralisme qui attribuent exclusivement aux excès d'intervention de l'État dans l'économie la reconstitution spectaculaire des rentes improductives au cours des trente dernières années.

Les princes, les puissants, les riches sont en effet, en cette fin de siècle, vraisemblablement plus nombreux qu'ils ne l'ont jamais été dans l'histoire de l'humanité. Ils prospèrent sur des rentes qui n'ont plus leurs sources dans une activité productive quelle qu'elle soit ou, comme du temps de la féodalité, sur des charges contractuelles de protections de catégories sociales déterminées.

• Multiplication *des princes de la finance* d'abord, qui ont conquis leur fortune exceptionnelle à la faveur des mouvements boursiers et du « big bang » financier rendu possible par la révolution des communications électroniques. Les possibilités de multiplication de leurs richesses par les mécanismes financiers actuels, sans efforts productifs personnels, en font des rentiers perpétuels.

• Ce sont ensuite *les chefs d'État et hauts fonctionnaires* ou militaires de rang important, le plus souvent mais pas exclusivement, loin de là, originaires du tiers monde, dont les fortunes, amassées par le trafic d'influence ou la corruption directe, se sont réfugiées dans les paradis fiscaux et bancaires des pays déjà riches.

• Liés à cette catégorie de princes, tous *les entrepreneurs* plus ou moins honnêtes qui ont su obtenir des contrats largement surfacturés dont les bénéfices exceptionnels leur permettent une vie de luxe entre les grandes capitales du monde.

• A ceux-ci s'ajoute la liste interminable *des heureux bénéficiaires de la conjoncture pétrolière* exceptionnelle des années 1973 à 1985 : roitelets, princes et émirs, leurs bijoutiers, leurs architectes, leurs décorateurs, leurs agioteurs, leurs agents immobiliers, leurs parfumeurs, leurs agents de change, leurs banquiers privés et *tutti quanti*, qui, par des coups de baguette magique, se sont retrouvés à la tête de fortunes équivalentes à celles que les plus grandes familles industrielles des pays développés avaient mis de longues décennies à amasser laborieusement.

• Enfin, le *vaste réseau des trafiquants* nationaux et internationaux de la drogue, des armes, de la main-d'œuvre à bon marché et de tout produit ou toute personne circulant en infraction aux législations nationales. C'est au cours des trente dernières années que ce réseau a connu une extension fulgurante, à la faveur de la perversion des mécanismes économiques que nous décrirons tout au long de cet essai.

Il s'agit là de la légion de nouveaux rentiers du XXe siècle dont la fortune ne repose sur aucune base productive, mais au contraire sur les dérèglements des mécanismes économiques modernes. Comme nous le verrons au chapitre 7, leurs revenus échappent à toute taxation sérieuse, alors que les systèmes fiscaux et les finances étatiques connaissent aussi des tensions extrêmes. L'élargissement continuel de ces réseaux de rentes menace de plus en plus l'avenir du libéralisme et les principes d'efficacité qui ont fait son triomphe.

A côté de ces nouveaux princes, rentiers largement improductifs, on trouve toute une catégorie d'autres puissants de ce monde. En tête, ce sont *les présidents ou directeurs généraux des grandes banques et firmes internationales* géantes : ils jonglent avec les milliards de leurs déposants et de leurs actionnaires, le plus souvent à l'abri de tout regard indiscret ; leurs revenus annuels représentent le plus souvent le budget de plusieurs milliers de familles, modestes ou pauvres. Ces nouveaux gérants (« managers ») de l'économie mondiale, à la différence des pionniers de la révolution industrielle ou des chefs d'entreprise du XIXe siècle ou du début de ce siècle, ne s'exposent, dans leurs actes de gestion, à aucun risque sur leur fortune personnelle, sauf cas de fraude patente. Ils sont les membres d'une nouvelle féodalité technico-économique, se déplaçant d'une grande banque à une autre ou d'une firme transnationale à l'autre, au gré de la bonne fortune, comme les chevaliers itinérants du Moyen Âge. Ils sont un élément central des couches superprivilégiées que l'évolution économique des trente dernières années a créées ; plus la grille des rémunérations tend à se tasser vers le bas dans les grandes entreprises, pour les cadres moyens ou employés et ouvriers, plus elle s'affole vers le haut pour le personnel dirigeant de ces entreprises. Si nombre d'entre eux sont des hommes d'action et de décisions éclairées sur le plan technique, beaucoup n'ont pour mérite que des capacités de gestion administrative des énormes bureaucraties que sont devenues les grandes firmes transnationales. Ce sont donc d'abord des « bêtes politiques » qui, par différentes recettes, manipulent, contrôlent, assurent le rôle de balancier et d'arbitre entre les intérêts contradictoires qui secouent en permanence ces organismes géants et multiformes, bien que le travail productif se fasse non pas dans les bureaux directoriaux, mais dans les ateliers, les chaînes de montage, les unités de recherche et de développement ou de contrôle de qualité des produits.

Légitimes dans la fortune, en revanche, *les entrepreneurs privés* qui ont consacré leur vie au travail direct de production, à la mise sur pied et au développement d'une entreprise petite ou moyenne ; ce sont aussi les développeurs individuels de procédés industriels dans les secteurs porteurs, tels que l'informatique et l'électronique. Ils sont les héritiers des artisans qui ont fait la révolution industrielle en Europe, le plus souvent comme eux, sans beaucoup de bagage intellectuel et scientifique, sinon le génie et le labeur. Ceux-là, en règle générale, ne font pas partie, par leurs comportements et leur mentalité, de ces couches superprivilégiées, rentières ou semi-rentières. Ils sont, avec les scientifiques et les chercheurs, le dernier fil qui relie l'économie moderne aux sources du siècle des Lumières et de la révolution industrielle et donc des valeurs du libéralisme. Comme nous le verrons, en fin de parcours de notre réflexion, c'est grâce au renforcement de cette catégorie d'entrepreneurs et de son élargissement, au maintien de certaines structures scientifiques et de recherche hors des nouvelles féodalités économiques, que l'esprit créateur du libéralisme pourra être conservé et faire face aux défis économiques de plus en plus graves que doit affronter l'économie mondiale.

Enfin, à l'autre bout du kaléidoscope des nouvelles catégories sociales fortunées du monde moderne, *les fous du roi* : chanteurs à la mode, étoiles de l'audiovisuel, grands couturiers, chefs de sectes religieuses à l'honneur, coureurs automobiles, boxeurs, grands champions sportifs, bref, tout ce qui amuse les rois, les princes et leurs peuples.

La fragilisation des statuts socio-économiques issus de l'économie moderne

La montée en puissance et en nombre de ces nouvelles catégories sociales s'est faite de façon fulgurante au cours des trente dernières années. Elle s'est accompagnée d'un mouvement, en sens inverse, de fragilisation des nombreux statuts socio-économiques intermédiaires que l'industrialisation et l'État moderne avaient mis en place un peu partout, sur les décombres des anciens statuts sociaux préindustriels. Ces statuts étaient principalement ceux de la fonction publique, des enseignants, des ouvriers et employés de l'industrie ou des grands services publics. Aujourd'hui, les membres de ces catégories socio-professionnelles sont en voie de paupérisation relative ; dans un monde entièrement gouverné par les niveaux de consommation et un accès de plus en plus difficile à certains types de biens, en particulier le logement spacieux et de qualité, la résidence secondaire de vacances, la voiture à haute performance, ces millions de personnes vivent une fragilité financière de plus en plus grande. L'habitat semi-populaire en banlieue, le voyage touristique collectif organisé à bon marché en guise de vacances, la voiture de seconde main, le cumul des fonctions ou des travaux pour pouvoir boucler les budgets mensuels deviennent le quotidien des membres de ces catégories sur lesquelles ont jusqu'ici reposé la stabilité et la prospérité de l'État moderne à l'européenne, mais aussi, dans une large mesure à l'américaine, c'est-à-dire l'État rationnel, puissant et libéral issu de la révolution industrielle.

En poussant à l'extrême le diagnostic, on pourrait dire que ce seront eux les « nouveaux pauvres » du XXIe siècle, si les tendances actuelles persistent, si l'économie du monde continue d'être de plus en plus gérée et conditionnée par les nouveaux centres de richesse et de pouvoir que nous venons de décrire rapidement. Certes, les catégories sociales touchées par l'instabilité et l'insécurité croissantes resteront encore protégées par les lambeaux de statuts anciens, par ce qui ne pourra être entièrement supprimé des fonctions de l'État dit « providence ». Le rythme de cette fragilisation dépendra lui-même de l'évolution de ces nouveaux centres de richesse et de leur rapport à la puissance publique, des contre-pouvoirs qui pourront se dégager face aux blocages et aux perversions des mécanismes économiques libéraux [3].

Si les riches ont augmenté en nombre et en puissance, les classes moyennes diminuées et dépéries, les mendiants et les

---

3. En dehors de certains travaux de caractère administratif, on trouve peu de réflexion de nature économique en France sur la persistance et le développement de la pauvreté dans les pays développés. On verra cependant E. Mosse, *Les Riches et les pauvres*, Le Seuil, Paris, 1985 ; cet ouvrage fait le point sur les travaux abondants des Anglo-Saxons sur les formes et les causes de la pauvreté aux États-Unis et en Angleterre.

vagabonds sont, eux, devenus de plus en plus nombreux[4]. Il s'agit des jeunes chômeurs n'ayant jamais eu d'emploi et donc n'ayant pu intégrer un système de sécurité sociale ou d'allocations-chômage fondé sur un salaire précédent ; des travailleurs immigrés clandestins du Sri Lanka, des Philippines, du Mexique, du Maghreb, d'Afrique noire, d'Égypte, de Roumanie, etc. Ils sont à la merci des polices, des trafiquants de travail au noir, des patrons qui les emploient ; sans statut légal, ils sont partout sans droits et nul ne les protège sinon, comme pour les mendiants autrefois, des organisations caritatives ou de défense des droits de l'homme. Certains de ces vagabonds du monde riche nous rappellent, par leurs origines, qu'ils viennent d'un monde où la misère domine encore, et si fortement qu'une mère d'Extrême-Orient doit abandonner époux et enfants pour partir en Occident à plusieurs milliers de kilomètres faire des ménages, qu'un père africain doit aller balayer les rues de Paris et de Londres.

La société libérale en crise

La révolution industrielle et l'État moderne ont-ils vraiment définitivement terrassé la logique des anciens ordres féodaux, fait reculer la pauvreté au profit d'une richesse modeste mais garantie, fait passer de l'état de misère à celui de pauvreté à niveau de subsistance décent et garanti ? Les observations rapides que nous venons de faire, les évolutions de cette fin de siècle que nous avons esquissées à traits rapides peuvent amener à se poser la question. La reconstitution, sous des formes économiques modernisées, de sociétés abruptement structurées sur le plan social, par des séries de rentes dont beaucoup n'ont pas de rationalité légitime dans le cadre de la pensée libérale, rappelle à beaucoup d'égards les grandes crises qui ont secoué les monarchies féodales anglaise et française. En effet, les principes de base de la pensée libérale

4. Des statistiques américaines récentes font état d'une augmentation alarmante du nombre de pauvres depuis 1964 aux États-Unis, qui atteint 14,2 % de la population en 1991, soit 35,7 millions. Le seuil de pauvreté est situé par les statistiques américaines à 6 932 dollars de revenu annuel pour un célibataire et à 13 924 dollars pour une famille de quatre personnes (*International Herald Tribune*, 4 septembre 1992) ; d'autres statistiques américaines signalent l'augmentation du nombre de personnes ayant un revenu annuel supérieur à un million de dollars (*International Herald Tribune*, 25 mai 1992). La tendance est la même dans plusieurs pays de l'OCDE, en particulier en Grande-Bretagne.

continuent de façonner les systèmes de valeurs auxquels restent attachés de larges pans des sociétés contemporaines, ou dans lesquels des sociétés plus tard venues à la modernité ont investi tous leurs espoirs de progrès matériel et humain. Mais le libéralisme, tel qu'il fonctionne dans la pratique depuis plus de quinze ans, produit à nouveau de la pauvreté et de la marginalité, alors que les espoirs investis en lui après la déception du socialisme en déroute tardent à donner leurs fruits.

Nous sommes donc probablement à un stade de crise avancée, ce qui ne peut encore être perçu du fait de la puissance que les géants de l'édition et de la presse peuvent donner aux formes non critiques de penser le monde actuel, et du formidable écho médiatique donné aux ouvrages des ultra-libéraux vantant de façon aveugle les formes modernes d'un capitalisme sans entraves, sans régulation et sans horizons autres que le profit et la consommation. La plupart des ouvrages apologétiques des triomphes du capitalisme sous ses formes actuelles sont ceux-là mêmes qui sont lancés comme des produits de grande consommation, imposés comme le prêt-à-porter universel de la pensée[5]. C'est pourquoi on peut se demander si le tableau sinistre du totalitarisme par la manipulation de la pensée si bien dépeint par Orwell dans son célèbre *1984* ne finira pas par se réaliser en pays libéral où souffla autrefois de façon si féconde l'esprit interrogatif, curieux et critique du siècle des Lumières. Certes, il est trop tôt pour juger du sens véritable de ces évolutions qui se déroulent sur la longue période. Comme nous l'avons souligné en introduction, les succès de la révolution libérale et industrielle sont encore trop éclatants pour qu'il soit possible de se prononcer avec un degré de certitude suffisant sur le maintien et le renforcement des tendances à la crise multiforme. Mais les craquements sont là, visibles à l'œil nu : le travail productif n'est plus la source principale d'enrichissement, le secret de la prospérité des nations ; les rentes improductives, le parasitisme, la fraude aux lois de la raison collective sont des sources d'enrichissement de plus en plus

5. Pour comprendre le fonctionnement des nouvelles mythologies, on lira avec profit M.-D. Perrot, G. Rist et F. Sabelli, *La Mythologie programmée. L'économie des croyances dans la société moderne*, PUF, Paris, 1992 ; on pourra se reporter à *Crise et chuchotements*, Cahiers de l'Institut universitaire d'études du développement, Genève – PUF, Paris, 1984.

importantes, cependant que la misère marginalise ou déracine des couches de plus en plus larges de la population mondiale, qui cessent d'être pauvres pour devenir vagabondes.

Certes, une littérature abondante décrit ces phénomènes ; elle est le fait de journalistes économistes, d'économistes critiques à l'endroit du libéralisme ou inquiets des dérapages du capitalisme libéral[6], de sociologues. En dépit de cette abondance, la science économique, qui devrait être plus attentive à ces signes inquiétants d'un dérapage des mécanismes libéraux de la croissance et du développement, semble ici désarmée. La mode est décidément aux modèles mathématiques, théoriquement abstraits, et à la philosophie économique facile des néo-libéraux. Bien plus, le savoir économique est éclaté, fragmenté, spécialisé ; les connaissances et la problématique du développement lui ont échappé en fait depuis longtemps, au profit d'autres branches de la connaissance.

6. SCHUMPETER, parmi les économistes libéraux, avait ouvert la voie à une réflexion non marxiste sur les limites du capitalisme dans son ouvrage *Capitalisme, socialisme et démocratie* ; plus près de nous le célèbre économiste américain, John K. GALBRAITH, devait perpétuer différemment cette tradition en dénonçant à travers toute son œuvre les pratiques du grand capitalisme non conformes aux règles de l'économie libérale. Récemment, Alain COTTA, dans *Le Capitalisme dans tous ses états* (Fayard, Paris, 1991), n'hésite pas à faire une description apocalyptique des tendances du capitalisme moderne.

2

L'économiste détrôné par le statisticien et l'ingénieur

Les conséquences de l'explosion démographique européenne : compter et construire

Les économistes n'ont vraisemblablement pas réalisé encore l'ampleur de la dépossession de savoir dont ils sont victimes. Les véritables inspirateurs de la décision économique sont en effet depuis longtemps le statisticien et l'ingénieur, mais aussi le comptable. C'est eux, en fait, qui de plus en plus guident les hommes politiques dans un monde où tous les nombres ont augmenté de façon exponentielle, où il faut gérer des masses de plus en plus grandes, qu'il s'agisse d'êtres humains ou de produits. La réaction inconsciente des économistes à cette dépossession a consisté à tenter de rehausser le statut de leur savoir en y appliquant, à l'instar des ingénieurs ou des statisticiens, les techniques mathématiques. Ils ont ainsi construit des modèles théoriques de type mécaniste de plus en plus abstraits, et donc de plus en plus éloignés du réel, au point que les mathématiques constituent aujourd'hui un des piliers de l'enseignement économique dans les facultés. Mais le règne du nombre ne date pas d'hier et il est important d'en retracer l'origine.

N'oublions pas, en effet, que l'explosion démographique

n'est pas un phénomène nouveau qui aurait pour origine uniquement une situation spécifique au tiers monde. C'est l'Europe qui connut la première révolution démographique qui brisa le cercle malthusien de la stagnation d'une population. Entre 1800 et 1914, la population de l'Europe passe en effet de 180 millions à 450 millions [1]. Dès le début du XVIIIe siècle, des États comme la France ou l'Angleterre, avec respectivement onze et vingt-sept millions d'habitants, représentaient une population plus importante que celle des plus grands empires antiques ou moyenâgeux et en tout cas beaucoup plus dense au kilomètre carré que celles de la Chine ou de l'Empire ottoman, réparties sur de très vastes espaces. Les grands États nationaux européens abordent le XXe siècle avec des populations de l'ordre de cinquante millions d'habitants chacun et ce après avoir déversé à travers l'émigration de masse des millions de pauvres ou de miséreux aux Amériques ou dans la colonisation du Maghreb, de l'Afrique noire, du continent indien et de la péninsule indochinoise.

Quelle explosion démographique ! Celle-ci est trop souvent passée sous silence, ou réservée à la seule curiosité des spécialistes pointus d'histoire économique. Son analyse permettrait pourtant d'expliquer nombre de transformations dans les modes de gestion économique réels, d'expliciter tant de problématiques qui restent obscures, en particulier celles du développement et du sous-développement, ainsi que nous aurons l'occasion de le voir. Il est curieux, à cet égard, que les démographes ou les économistes qui se penchent aujourd'hui sur la démographie ne lient pas plus souvent les mouvements migratoires aux évolutions démographiques dans leurs travaux sur le tiers monde. Seuls Fernand Braudel et Alfred Sauvy, deux très grands économistes par-delà leur identité officielle d'historien pour le premier, de démographe pour le second, auront mis en valeur ces liens complexes et leurs effets ; nous y reviendrons plus en détail au chapitre 3.

C'est en tout cas cette première explosion démographique qui met, en fait, les commandes économiques aux mains des statisticiens et des ingénieurs. Car il faut d'abord savoir compter, recenser, dénombrer les flux, contrôler des villes, en particulier les capitales, où l'afflux de population amène des pressions considérables sur les ressources en logement, en

1. Carlo M. CIPOLLA (éd.), *The Fontana Economic History of Europe. The Industrial Revolution*, Fontana/Collins, Glasgow, 1978, chapitre 1.

eaux, en transports. Une fois cela fait, c'est au tour de l'ingénieur d'intervenir, de concevoir les systèmes de transport, de logement, de bâtiments publics, de distribuer des produits, permettant de satisfaire les nouveaux besoins nés de l'augmentation et des migrations. C'est ainsi que les corps d'ingénieurs deviendront tout-puissants, et le restent aujourd'hui. C'est eux, avec les comptables et les statisticiens, qui préparent la décision économique, contrôlent son exécution, en rendent compte à la puissance politique. Le statisticien présente et arrange les chiffres qui serviront de base pour juger de l'utilité ou de la nécessité de la construction de tel ou tel ouvrage, bâtiment, ensemble urbain, réseau de transport ; l'ingénieur jugera des techniques à mettre en œuvre, des matériaux à employer, des moyens humains à mobiliser : ce sont là des savoirs sur lesquels il a acquis un monopole dans l'État moderne ; bref, il sera maître des coûts des opérations de développement. C'est lui qui, le plus souvent, dictera au comptable comment présenter les bilans financiers de travaux, répartir les rubriques analytiques. Jamais un économiste, non familier du fonctionnement des nouveaux systèmes technologiques issus de la révolution industrielle, ne pourra deviner ce qui se cache sous les chiffres, en dépenses gonflées ou au contraire sous-estimées, d'arrangements comptables masquant le coût d'erreurs d'estimation ou de gestion dans la conduite des chantiers.

La fuite de l'économiste dans les modèles abstraits à caractère philosophique et mécaniste

L'explosion démographique aura ainsi brutalement démis l'économiste de ses fonctions de conseiller du prince dans la gestion des richesses du royaume. L'économie politique deviendra de plus en plus théorie économique abstraite ; ses lieux de prédilection deviendront les modèles généraux d'équilibres des néo-classiques destinés à comprendre et prévoir le comportement des firmes individuelles, ou bien, continuant sur une des voies où l'avaient engagée Adam Smith et Ricardo, elle se penchera sur les modèles théoriques des avantages comparatifs dans le commerce international. Le marxisme s'y fourvoiera ensuite abondamment, donnant naissance aux théories de l'impérialisme et du développement inégal, du centre et de la périphérie, qui auront en définitive un caractère tout aussi mécaniste que les modèles d'équilibre et d'avantages comparatifs de leurs ennemis libéraux et néo-libéraux. La revendication, dans les années soixante-dix, par les pays du tiers monde, d'un ordre économique international plus juste s'inscrit en droite ligne dans cette dérive de l'économie politique qui abandonne totalement aux ingénieurs, aux statisticiens et aux comptables la gestion réelle du patrimoine économique d'un pays, la connaissance de l'état des techniques de construction et de production, et, de ce fait, la maîtrise des calculs de coûts et d'opportunité. Comme nous aurons l'occasion de le voir plus en détail au chapitre 3, cette revendication de justice économique internationale, essentiellement forgée par les économistes spécialistes du sous-développement, ignore en effet que la réalité des inégalités de développement ne réside pas exclusivement dans les mécanismes capitalistes d'échange international, mais aussi dans les modes d'organisation économique, les systèmes technologiques, la capacité de maîtriser et d'adapter les techniques à des contextes socio-économiques différents. Des États comme le Japon ou l'Allemagne, tard venus à l'industrialisation par rapport à l'Angleterre, la Hollande ou même la France, l'avaient bien compris et ne s'étaient guère embarrassés de ce type de revendications ; ils avaient mené des politiques de mobilisation et de formation aux techniques industrielles à des rythmes soutenus, où les notabilités féodales ou militaires, les ingénieurs et cadres de maîtrise étaient la pièce centrale du développement.

La « science économique » deviendra ainsi de plus en plus, au cours du XXe siècle, un mode de perception idéologique traduit en modèles théoriques savants venant à l'appui des philosophies politiques contradictoires que le libéralisme européen a développées. Weber et Marx, dans leurs controverses respectives, achèveront de rendre confuses toutes les discussions, en y mêlant des considérations sur les valeurs religieuses et leur rôle dans le développement économique, en particulier le rôle du protestantisme dans le développement du capitalisme. L'ethnologie et l'anthropologie, aux côtés des mathématiques, envahiront le champ de la réflexion économique, mais elles se fixeront alors presque exclusivement sur l'analyse des phénomènes de retard économique ou de sous-développement. L'analyse à base mathématique abstraite se concentrera sur le monde dit développé, donnant l'illusion d'un statut scientifique ; celle à présupposé ethnique ou anthropologique s'efforcera de rendre compte des résistances au capitalisme développées par les sociétés traditionnelles[2]. En tout cas, à tous les niveaux de la réflexion qu'il a tenté jusqu'ici de déployer, dans les finances publiques, dans la monnaie et l'inflation, dans l'évaluation de projets, l'économiste professionnel est prisonnier de la nature et du contenu des données que lui fournissent l'ingénieur, le statisticien et le comptable ainsi que de leur mode de présentation. Ses niveaux de savoir dans les domaines de ces autres disciplines sont bien trop faibles, en particulier dans celui des techniques industrielles ou celles des ponts et chaussées ou du bâtiment, pour qu'il puisse se permettre de contester la validité des choix faits et les coûts qu'ils entraînent.

En réalité, la situation est, depuis quelques années, bien pire, car les ingénieurs ont sans peine appris l'économie et son jargon ; ils ont ainsi définitivement conquis la décision dans l'économie réelle dans les pays déjà développés comme dans ceux en développement. Les grandes actions de développement, ils en sont maîtres : mise en place des infrastructures physiques, développement et choix des procédés industriels, modes de vie imposés par les choix urbains, aménagement du territoire, fonctionnement des forces armées, etc. Comme nous l'avons signalé, l'économiste généraliste s'est réfugié soit dans la macroéconomie, où il dépend exclusivement des grands agrégats statistiques que lui fournissent des administrations spécialisées sur lesquelles il a peu de prise, soit dans la microéconomie où il fournit en fait un appui aux décisions de l'ingénieur qui reste le seul maître des destinées techniques de l'entreprise ; il en est alors réduit à rédiger des synthèses entre la statistique et la comptabilité qui permettent aux ingénieurs de mieux justifier les décisions qu'ils font prendre à l'État ou aux grands organismes publics ou privés qui les emploient. Quant à l'économiste spécialisé dans un secteur particulier, tel que l'éducation, les transports, la santé, il peut certes être plus critique, car il pénètre plus dans les méandres techniques des coûts et des modes de gestion du secteur, mais le risque est alors élevé de le voir, tel l'ingénieur, si pris par la dynamique des techniques qu'il tente de développer qu'il ne

2. Voir, à ce sujet, le stimulant essai, passé inaperçu en son temps, de M. Simeon, *L'Économiste et le sauvage*, Éditions Libres – Hallier, Paris, 1978.

puisse plus voir les défauts des systèmes d'articulation de son secteur avec les autres secteurs et donc les coûts indirects ou les gaspillages qu'il peut leur infliger.

L'ingénieur, seul bâtisseur des systèmes de gestion économique

Depuis deux siècles, avec une intensité variable suivant les contextes de chaque pays, les ingénieurs ont ainsi pu librement développer le goût de la puissance. Il leur faut gérer des masses humaines qui n'existaient pas au temps des diligences, lorsque les plus grandes villes dépassaient rarement les 200 000 habitants, et que les populations rurales pouvaient se nourrir, se vêtir et se loger par leur seul travail familial. Ils sont ainsi devenus les rouages indispensables de l'État moderne et des grandes firmes, dans leurs visions respectives de puissance économique et militaire. Le temps des Lumières est bien passé, où des aristocrates réformistes, des penseurs bourgeois, des hommes de pure science, à travers leur culture qui embrassait le champ politique et diverses branches des connaissances techniques, formaient les hommes d'influence qui orientaient le développement général des sociétés. Dans leur majeure partie, les économistes du XIXe siècle, puis du XXe siècle ne purent leur succéder, pour des raisons déjà évoquées. Aussi, à peine l'économie politique de la Renaissance et des Lumières avait-elle réalisé que l'on pouvait créer de la richesse, augmenter le stock de ressources disponibles d'une population, faire évoluer rapidement les systèmes techniques, briser le cercle malthusien de la pauvreté, les ingénieurs s'installaient « développeurs ». Depuis, le rythme des progrès techniques s'accélérant considérablement, ils dictent leurs choix techniques, façonnent les systèmes de gestion de la production ; avec les comptables et les statisticiens, ils sont maîtres des coûts que la collectivité, génération après génération, devra supporter, sans que de véritables contrepoids n'aient pu se développer à de tels pouvoirs. L'ère du béton et des ensembles urbains sans âme, celle de la voiture bruyante et polluante succédant au train, celle de l'électricité produite par l'énergie atomique et dont personne ne peut encore dire avec certitude les coûts directs et indirects au kilowatt/heure, celle de l'emballage plastique polluant succédant au verre et au carton, sont autant d'exemples de la prédominance de l'ingénieur, travaillant dans des logiques de systèmes techniques dont la société perd le contrôle.

Cette montée du pouvoir des ingénieurs, la science économique ne semble toujours pas vouloir en prendre acte. Dans des savoirs de plus en plus fragmentés, seuls certains historiens, spécialistes de la révolution industrielle, ont retracé les éléments formatifs de la montée de la technocratie des ingénieurs en germe déjà dans le XVIIIe siècle, mais qui n'affirmera sa domination sur le monde de l'économie et son osmose avec le monde politique qu'au XIXe siècle[3]. Le saint-simonisme sera une expression éloquente des rêves de puissance et de contrôle social par la technique industrielle ; il tentera de porter ce pouvoir technocratique dans les colonies au cœur du monde préindustriel.

Certes, les ingénieurs n'agissent pas en vase clos ou uniquement de concert avec l'autorité publique. Ils sont aujourd'hui plus que jamais en osmose avec les grands groupes industriels dominants dont la fortune repose sur l'emploi de tel ou tel procédé industriel, de tel matériau plutôt que de tel autre. Ils ont donc un énorme pouvoir de blocage sur des solutions alternatives qu'ils pourraient éventuellement mettre au point ; ce pouvoir négatif, ils en abusent d'autant plus facilement que sont grandes les pesanteurs de la puissance et de la richesse. Il faudrait probablement, comme nous le verrons en conclusion de nos analyses, que les systèmes se bloquent plus qu'ils ne le sont aujourd'hui pour que la recherche dans les domaines des procédés industriels, du transport, de l'urbanisme et des matériaux de construction tentent d'autres voies.

La pauvreté de la saisie statistique des réalités économiques

Il est clair que la science économique d'aujourd'hui a totalement évacué de ses cadres d'analyse les conséquences de l'explosion démographique, partie d'Europe dès la fin du Moyen Âge, sur les modes de gestion économique. Les bouleversements historiques provoqués par cette première

3. A ce sujet, on pourra se reporter aux travaux de W. H. G. ARMYTAGE, en particulier *The Rise of the Technocrats, A Social History*, Routledge and Kegan Paul, Londres, 1965 et *A Social History of Engineering*, Faber and Faber, Londres, 1961.

révolution démographique dans la gestion des hommes et surtout les mécanismes de circulation des richesses et du progrès technique ne sont plus appréhendés dans leur continuité historique. En particulier, les conséquences des nouvelles mobilités sociales et spatiales déclenchées par les processus de développement ne sont saisies qu'avec retard ; dans ce domaine encore, les remarquables travaux des historiens de la révolution industrielle ne sont pas intégrés aux connaissances de base de l'économiste. C'est ainsi que le jeu des migrations, les bouleversements de statuts sociaux, les changements drastiques dans les mécanismes de formation de revenus, que déclenche toute transition démographique amenée par la chute de la mortalité et le maintien d'un taux élevé de natalité, ont fait l'objet de nombreuses études historiques pour ce qui est de l'Europe. Mais ici encore, ces études, si riches et éclairantes soient-elles, sont restées du domaine des spécialités de l'histoire économique. L'économiste, théoricien ou homme de terrain, spécialisé dans telle ou telle branche, les connaît rarement ; il est prisonnier de ses modèles, avec leurs arrière-plans idéologiques ou philosophiques, mais aussi d'un savoir ultra-spécialisé. Ses limitations seront d'autant plus grandes qu'il doit de plus faire face à la pauvreté statistique dans laquelle nous vivons[4].

L'impossibilité de saisir la pauvreté et la richesse

De quoi dispose en effet un économiste ? Soit d'indicateurs globaux, tellement généraux qu'ils finissent par perdre toute signification, soit d'indicateurs sectoriels ou régionaux qui ne sont eux-mêmes que des moyennes. Le plus célèbre des indicateurs, utilisé universellement, est celui du produit national (ou intérieur) par tête d'habitant. D'autres indicateurs de développement donnent des précisions sur les niveaux d'industrialisation, de consommation, d'éducation, de santé, etc. Il en est ainsi du nombre de tonnes d'acier, de kilowatt-heure d'électricité produite et consommée par tête d'habitant, du nombre de téléphones ou de voitures dont disposent chaque 100 ou 1 000 habitants, du nombre de

4. On signalera ici un des rares ouvrages sur les pièges de la statistique de J. Klatzman, *Attention statistiques ! Comment en déjouer les pièges*, La Découverte, Paris, 1985.

médecins pour 1000 ou 10 000 habitants, etc. Ces indicateurs globaux, même spécialisés, ne rendent pas compte des complexités de la réalité. Au mieux font-ils réaliser l'énormité des différences existantes entre pays déjà développés et riches (plus de 15 000 dollars par tête d'habitant) et pays sous-développés (entre 600 et 5 000 dollars par tête d'habitant suivant le pays).

Leur défaut est de gommer les énormes disparités existant à l'intérieur d'un même pays et qui peuvent représenter des aberrations économiques sur lesquelles on ne peut faire l'impasse, en particulier dans un monde économique désormais ouvert où les frontières et les distances physiques ne sont plus vraiment un obstacle à la circulation des hommes, des produits et des idées. Ce que cachent en effet ces moyennes globales, c'est que, dans les pays dits riches, les poches de pauvreté ainsi que de misère sont de plus en plus importantes, cependant que dans les pays dits pauvres, les poches de richesse deviennent de plus en plus importantes et insolentes. Il y a donc quelque chose de foncièrement artificiel à classer ainsi les pays par cette moyenne abstraite du revenu par tête, sans jamais accompagner cet indicateur trop global d'autres indicateurs à mettre au point concernant la répartition du revenu national entre riches et pauvres, sa concentration sociale et régionale. Seuls de tels indicateurs annexes permettraient de réfléchir à de nouveaux instruments de politique économique, en particulier dans le domaine fiscal, pour tenter de maintenir ou d'atteindre la plus productive des visions du libéralisme : l'égalité de chances économiques.

En outre, il n'est jamais pondéré par le niveau des prix intérieurs, c'est-à-dire le pouvoir d'achat différent que peut représenter un dollar des États-Unis dans chacun des pays depuis l'instauration du système des taux de change flottants en 1976. Plus grave, les fluctuations violentes du cours de change du dollar d'une année sur l'autre de même que celles des devises des pays concernés achèvent de rendre cet indicateur peu fiable, et provoquent des variations absurdes et artificielles du niveau de vie que cet indicateur est censé traduire. Ainsi, si le taux de change du dollar par rapport à la monnaie d'un pays se détériore, l'indicateur du PIB augmentera artificiellement ; si, au contraire, la monnaie de ce même pays est dévaluée par rapport au dollar, il baissera tout aussi artificiellement, surtout si l'effet de la dévaluation n'est pas intégralement répercuté sur les prix locaux. Dans un monde où les monnaies flottent et où les variations de taux de change peuvent avoir des amplitudes de l'ordre de 30 % à 40 % d'une année sur l'autre, les étalons de mesure de la richesse et de la pauvreté n'ont plus beaucoup de sens pour tirer des enseignements de séries statistiques.

Certes, statisticiens et comptables nationaux dans les divers pays, comme dans les nombreux organismes internationaux, tenteront de pallier parfois ces déficiences, d'apporter des corrections intégrant les différences de pouvoir d'achat des monnaies dans de savants calculs, de faire des séries en monnaie locale constante ou en dollars[5]. Il en résulte une cacophonie statistique, parfois spectaculaire, car les mêmes agrégats économiques seront alors différents d'une source statistique à l'autre. L'économiste qui tente de se retrouver dans le maquis des annuaires statistiques nationaux et internationaux ne sait plus où donner de la tête, ne peut réconcilier des chiffres antagonistes.

De plus en plus, l'économiste ne peut que s'arracher les cheveux, dès lors qu'il veut travailler sur des séries statistiques un peu longues, car statisticiens et comptables nationaux ou internationaux prennent plaisir à changer les années de référence de façon fréquente chaque fois qu'il s'agit de séries en valeur constante, c'est-à-dire d'où les effets nominaux de l'inflation auront été éliminés. Plus récemment, les organismes internationaux se sont mis à l'heure des séries statistiques en unités de comptes, tels les droits de tirage spéciaux (DTS) pour les balances des paiements, ou l'Écu, monnaie de compte européenne, pour les mouvements de commerce extérieur de la CEE. Les regroupements régionaux de pays changent aussi abruptement dans les séries statistiques comparatives. En bref, c'est une véritable jungle statistique dans laquelle l'économiste doit évoluer, au point que l'on trouvera

5. En particulier, la Banque mondiale et le Fonds monétaire international tentent de pallier ces problèmes par des travaux sur les parités de pouvoir d'achat des monnaies, des indices de taux de change réels (par opposition aux taux de change nominaux), etc. La manipulation statistique devient cependant trop lourde pour pouvoir être appliquée à tous les indicateurs sur une base annuelle pour tous les pays. On pourra voir entre autres, *International Comparisons of Real Product and Puchasing Power*, Rapport conjoint de l'Office statistique des Nations unies et de la Banque mondiale, John Hopkins University Press, Londres, 1978.

rarement les mêmes chiffres d'un économiste à l'autre pour les mêmes indicateurs.

De plus, les méthodes de comptabilité nationale mises en œuvre par les statisticiens ne permettent pas, le plus souvent, de saisir tous les éléments de cette richesse. Au niveau de 2 000 dollars de revenu annuel par tête d'habitant, qui pourrait d'ailleurs prétendre qu'un être humain puisse survivre physiquement, lorsqu'on connaît les coûts d'accès à la vie moderne en logement, nourriture, vêtement, transports, santé, souvent plus élevés dans beaucoup de pays du tiers monde que dans les pays riches ? Certes, des poches plus ou moins larges d'autosubsistance survivent ici ou là et les produits de cette autosubsistance ne sont pas inclus dans les calculs du revenu national. Mais même s'il fallait majorer le revenu national de 10 % à 15 % suivant les pays pour tenir compte de ce facteur, nous serions encore loin du niveau de revenu capable d'assurer la survie physique d'une population. En réalité, bien des facteurs échappent aux comptables nationaux qui effectuent les calculs du produit et du revenu national, et cela non seulement dans les pays pauvres où le phénomène est le plus marquant, mais aussi dans les pays riches.

Le « trou noir » de l'économie souterraine

Il s'agit d'abord de ce que les économistes ont surnommé « économie souterraine » ou « informelle », c'est-à-dire toutes les activités dont l'existence, les produits et les revenus ne font l'objet d'aucune déclaration aux autorités économiques responsables et dont le produit financier peut souvent ne pas être déposé dans un organisme bancaire local[6]. Ces activités souterraines sont de deux ordres :

– celles que l'on cache parce qu'elles sont illégales, en particulier la culture et le commerce de la drogue, mais aussi le trafic d'armes, ou de tout autre produit interdit en un pays donné parfois pour simplement limiter les importations ;

– celles que l'on cache pour éviter l'imposition fiscale, qu'il s'agisse des droits de douane encore importants dans le tiers monde (contrebande), de la taxe sur la valeur ajoutée, ou de

6. Voir P. PESTIAU, *L'Économie souterraine*, Hachette, Paris, 1989.

l'impôt sur les revenus ou l'enregistrement des transactions foncières.

Les montants des transactions en cause sont très substantiels à l'échelle mondiale et le mal a frappé tous les pays au cours des dernières années, en particulier ceux où des réglementations trop touffues et restrictives, des fiscalités et des contrôles des changes trop agressifs ont poussé à la fraude. Un ouvrage récent recense avec beaucoup de précision tous les aspects de « la face cachée de l'économie mondiale », soulignant comment le « trou noir » statistique au niveau des chiffres du commerce mondial augmente dangereusement[7]. Les profits des activités illégales peuvent être très élevés, en particulier pour la drogue, les armes, la contrebande, les pavillons de complaisance et surtout la fuite de capitaux dans les pays à contrôle des changes où les personnes qui font office de passeurs encourent aussi des sanctions pénales sévères. Le plus souvent, une partie importante de ces profits « informels » sont exportés des pays où ils ont été réalisés vers les paradis bancaires et fiscaux (Suisse, Panama, Luxembourg, Bahamas). Toutefois, une partie reste sur place, créant un flux de dépenses et donc d'activités nouvelles. A ces mécanismes informels de création de revenus, il faut ajouter la surfacturation des importations ou la sous-facturation des exportations, ce qui permet le paiement de substantielles commissions, payées de façon occulte aux agents de commerce extérieur, surtout dans les pays à commerce d'État ou à contrôle des changes.

Il peut même arriver, dans certains « pays en développement », qu'une part importante des exportations ou des importations échappe à toute observation statistique du fait de la généralisation de la contrebande. Le revenu et la dépense nationale, tels qu'exprimés dans les indicateurs globaux, seront alors faussés. Il existe aussi certains cas où, du fait du différentiel très important du prix d'un même produit existant entre deux pays voisins, les importations officielles du pays où le prix du produit est plus bas, en général parce qu'il est subventionné, augmenteront artificiellement parce qu'une partie des importations sert à alimenter de façon informelle le marché du pays voisin où le prix de ce

7. J.-F. Couvrat et N. Pless, *La Face cachée de l'économie mondiale*, Hatier, Paris, 1988, qui estime à plus de 1 000 milliards de dollars le montant des patrimoines monétaires occultes d'origine obscure en 1989.

produit est plus élevé. Les revenus ainsi obtenus servent à importer de ce dernier pays d'autres produits dont la disponibilité est insuffisante ou les prix trop élevés dans le premier pays. Les profits de tout ce commerce informel restent en général occultes et sont transférés à l'étranger.

Nous verrons plus loin, en étudiant l'économie politique de la corruption, comment et pourquoi ces secteurs informels se sont développés. Contentons-nous, à ce stade, de souligner la gravité des déficiences des appareils statistiques à qui les revenus produits par ces activités échappent. Évidemment, les reconnaître et tenter de les corriger, ne serait-ce que par des estimations, serait avouer les graves déficiences de la puissance publique économique, tant dans la répression que dans la suppression des causes qui provoquent le développement de ces activités informelles. En attendant, les économistes travaillent sur des données fausses, bâtissent des politiques économiques et des programmes de développement à partir de diagnostics forcément inexacts ou incomplets, et cela peut souvent avoir de très graves conséquences.

De plus, le degré de richesse ou de pauvreté d'un pays doit aussi s'apprécier à la lumière des encaisses liquides ou des biens que certains de ses ressortissants ont à l'étranger. Mais ici encore, la statistique est le plus souvent muette. Au mieux, on connaîtra le montant officiel des grands investissements que réalisent à l'étranger les plus grands pays industrialisés : les Japonais chez les Américains, les Allemands chez les Italiens, les Français en Espagne, etc. Mais saura-t-on jamais ce que tous les petits princes de la corruption de tel ou tel pays, ou tous ceux qui, fuyant une fiscalité jugée oppressive ou un régime politique instable, ont réussi à placer sur des comptes en banque de paradis fiscaux ou dans des placements immobiliers ou boursiers à l'abri de sociétés écrans ? Ici, les statistiques sont étrangement muettes. Sans trahir l'état actuel de la déontologie des gestionnaires d'argent ou de biens immobiliers, on pourrait pourtant faire de la statistique globale, dire le montant des patrimoines mobiliers et immobiliers que les citoyens des différents pays possèdent hors de chez eux, estimer le revenu annuel de ces patrimoines et, plus précisément, celui qui revient dans le pays d'origine aux fins de consommation locale, et intégrer ces estimations aux calculs du revenu national des pays.

On pourrait aussi obtenir des statistiques de concentration

de la fortune et des patrimoines, aussi bien au niveau des dépôts bancaires, que des portefeuilles boursiers, que des biens immobiliers.

Prouesses de l'informatique, paresse de la statistique

Actuellement, les politiques économiques, partout dans le monde, ne sont fondées que sur des indicateurs globaux, des agrégats dont on connaît mal la répartition entre agents économiques : revenu par tête, taux de croissance du produit national et de ses principales composantes sectorielles, masse monétaire, etc. Certes, les statistiques des pays développés parviennent à cerner les agents des secteurs productifs, en particulier les entreprises qui sont recensées suivant leurs tailles, mais on reste dans le flou dès qu'il s'agit des patrimoines des individus. Les statistiques financières et monétaires restent particulièrement pauvres, elles s'attachent à des flux globaux, dont la décomposition n'est réalisée que par catégories d'établissements bancaires ou financiers, ou par nature de certaines transactions. A l'heure où la révolution informatique permet les prouesses les plus extraordinaires en matière de saisie et de traitement des données statistiques, la « paresse » des statisticiens est surprenante. Elle est évidemment due à l'absence de demande de la part de la puissance publique pour laquelle, de plus en plus, toute saisie des mécanismes de répartition des revenus, de circulation de la richesse, s'apparente au « socialisme » désormais maudit, et risque de déclencher la méfiance des agents économiques producteurs de richesse.

L'argument est évidemment fallacieux, car partout les administrations fiscales peu efficaces, parfois corrompues, gérant des systèmes dépassés par l'évolution économique, tiennent à leur merci les contribuables, détiennent des pouvoirs d'inquisition économique et persécutent à loisir, plus volontiers d'ailleurs les pauvres que les riches. Nous reparlerons (chapitre 7) de l'inadaptation des systèmes fiscaux, dont la réforme dépend d'une connaissance statistique beaucoup plus fine de la distribution et de la circulation des richesses à l'intérieur des nations et entre les nations. C'est dans ce contexte que les moyens toujours plus puissants des supports informatiques ne font paradoxalement qu'accroître la confusion statistique. Le volume des annuaires statistiques a gonflé démesurément ; avec les mêmes données, on peut produire quinze ou vingt présentations statistiques différentes qui semblent enrichir la connaissance. En fait, l'économiste sera débordé, les données significatives sont souvent absentes des tableaux statistiques, remplis de chiffres sans intérêt.

La pauvreté statistique, et donc les risques d'erreurs graves de politique économique, est surtout patente dans les pays du tiers monde, dans les pays de l'Est européen et de l'ex-URSS. Ces pays n'ont pas su en effet entrer dans l'ère électronique, ne se sont pas équipés en supports informatiques. La connaissance statistique y est donc réduite à une peau de chagrin, car les procédures d'enregistrement manuelles sont impuissantes face à l'énormité des nombres à recenser et à mettre à jour, qu'il s'agisse des hommes, des produits, des flux monétaires et financiers. Nulle part dans ces pays, le développement de l'organisation statistique ne semble être une priorité. Les comptabilités nationales sont primitives, les recensements de population, qui coûtent cher, de plus en plus rares. Des pans entiers de l'activité économique ne sont nullement appréhendés, en particulier ceux de l'économie informelle et souterraine très développée dans ces pays. Dans ces cas, les décisions économiques sont prises de façon encore plus arbitraire qu'ailleurs, au mieux en fonction de modèles économiques théoriques et abstraits sans prise sur la réalité, au pis en fonction d'intérêts de certains groupes sociaux ou professionnels ; ces derniers, qui disposent en général de l'information économique la plus étendue intéressant leurs activités et sources de profit, savent la garder secrète, ou la présenter de façon tronquée pour faire croire que les décisions qu'ils tentent de faire prendre sont de l'intérêt général de la collectivité.

L'inversion des rôles entre l'ingénieur, l'économiste et le juriste

L'imprévoyance statistique rejoint ici l'imprévoyance technique, puisque, souvent aussi, la connaissance des coûts est à son tour opaque. Au mieux a-t-on quelques idées générales sur les causes de l'inflation, la nature des pénuries, mais les ingénieurs sont rarement sollicités pour procéder à des études sérieuses sur les déficiences des processus techniques ou des systèmes organisationnels des entreprises de production. Ils sont pourtant les seuls à pouvoir le faire, puis à pouvoir suggérer des changements dans les techniques de production, les procédés industriels en usage. Ici, c'est trop souvent l'économiste qui est sollicité, alors qu'il est paradoxalement ignorant de tous ces problèmes. Il proposera donc des solutions de type institutionnel, empiétant souvent sur le travail du juriste, puisqu'il rédigera lui-même des projets de lois ou des décrets qui jettent le chaos dans les structures légales d'un pays : création de catégories juridiques nouvelles en contradiction avec les normes générales de droit, suppression de certains statuts juridiques de nature socio-économique sans mécanismes de transition, etc. C'est ainsi que, le plus souvent, l'état des législations économiques, financières, sociales devient un maquis juridique où nul ne peut se retrouver avec certitude.

Dans cet imbroglio général, le juriste qui ne connaît plus l'économie, en particulier la macroéconomie, est impuissant et d'ailleurs de moins en moins sollicité ; au mieux, on lui demandera d'habiller juridiquement des décisions prises dans le secret des cabinets ministériels et chez le législateur, censé maintenir l'harmonie et la cohérence des systèmes juridiques. C'est pourquoi, aujourd'hui, la branche la plus prospère, mais aussi la plus prestigieuse du droit, est celle du droit des affaires. Les juristes y font fortune, car leur métier consiste à aider les agents économiques à trouver les failles et les innombrables contradictions des législations pour payer moins d'impôts, gagner sur l'État ou des concurrents dans des procès pas toujours reluisants de moralité. Le filon le meilleur est, dans ce domaine, la spécialisation dans le droit des transactions et de la fiscalité internationales, où les sommes en jeu peuvent être considérables. En bref, le juriste est de plus en plus au service des agents économiques individuels ou d'un secteur ou d'une profession donnés, de moins en moins juriste conseil de la puissance publique pour assurer un cadre législatif homogène et libéral au véritable sens du terme.

Quant à l'ingénieur, il continue d'être la clé de voûte des politiques de développement ; il tient dans ses mains la véritable connaissance économique moderne, celle des procédés industriels et de leurs coûts, de ceux de la construction, des transports dans un monde où l'explosion démographique européenne a rebondi de façon fulgurante en se propageant au reste de l'humanité. Telle une vague de fond, depuis cinquante ans, elle bouscule toutes les règles économiques connues, détruit tous les équilibres socio-économiques mondiaux.

3

Les fausses recettes de la modernité économique

Un facteur méconnu de l'analyse du développement : les migrations

L'explosion démographique, nous l'avons vu, ne date pas d'hier. Elle n'est pas une calamité qui s'est abattue sur le seul tiers monde, incapable de la maîtriser et de la réduire, menaçant aujourd'hui la prospérité et la sécurité des pays déjà riches. Ce sont exactement les mêmes causes ayant agi, dès le XVIe siècle, sur l'Europe, qui affectent de façon accélérée depuis cinquante ans les pays du tiers monde. Ces causes sont simples et implacables : un progrès dans la nutrition couplé avec le progrès de la médecine. L'accélération des progrès médicaux au cours de ce siècle, l'abaissement du coût des vaccins et la généralisation de leur emploi ont provoqué des rythmes d'accroissement de la population mondiale qui ont de quoi terroriser les esprits les plus optimistes.

Certes, les progrès dans la nutrition ont suivi, quoique à un rythme moindre, les progrès médicaux. Les rendements agricoles ont connu des améliorations spectaculaires, mais encore insuffisants par rapport au taux d'expansion démographique. On ne discutera pas ici du point de savoir si la persistance, dans certaines zones du globe, de la famine et de la malnutrition est exclusivement due aux rythmes différents dans le progrès médical et dans les techniques agricoles. Ce facteur est important à n'en point douter, mais il est évident aussi, à constater l'importance de certains surplus agricoles dans les pays riches, que les poches de famine qui subsistent en Afrique subsaharienne et la malnutrition qui continue d'affecter de nombreuses couches de population en Asie et en Amérique latine sont largement dues à des problèmes de répartition de pouvoir d'achat et de systèmes inadéquats de stockage et de transport. En revanche, la question des coûts cachés et indirects de ces rendements agricoles, de leurs effets sur l'environnement, reste ouverte et mériterait de plus grands débats[1].

Mais le problème de base à court terme que pose l'explosion démographique du tiers monde est autre : c'est celui des migrations provoquées par les mécanismes du développement économique, qui bouleversent la stabilité des statuts sociaux. La sortie de la stagnation économique, de l'autosubsistance, entraîne des perturbations graves dans les statuts de différentes couches de la population ; l'explosion démographique ne fait qu'amplifier de façon dramatique ces bouleversements. Le nombre de riches augmente, les pauvres connaissent des sorts contrastés, car certains peuvent améliorer considérablement leur statut socio-économique, cependant que d'autres tombent dans la misère, le déracinement et le vagabondage. Une des limitations importantes des théories du développement, en particulier celles que l'on a façonnées pour le tiers monde, aura été d'ignorer que la création de richesse entraîne immanquablement une perturbation grave des statuts socio-économiques. Certes, la théorie marxiste l'avait bien décrit pour ce qui est des pays européens, mais en avait tiré des conclusions politiques de type messianique. Pour ce

---

1. Au cours des années soixante-dix, à la faveur des cris d'alarme du Club de Rome sur le gaspillage des ressources naturelles et la surconsommation d'énergie par les sociétés industrialisées, ces problèmes avaient fait l'objet de nombreux travaux, aujourd'hui oubliés. On trouvera une synthèse de ces questions chez J. KLATZMANN, *Nourrir dix milliards d'hommes* ?, PUF, Paris, 1975 ; ainsi que dans *La Question des ressources naturelles d'origine agricole*, sous la direction de Ph. KAHN et J.-C. FRITZ, Publications de l'université de Dijon, Institut de relations internationales, vol. 9, Librairies techniques, Paris, 1983. On se rappellera aussi les travaux de Susan GEORGE, en particulier l'ouvrage qui eut en son temps un grand retentissement : *Comment meurt l'autre moitié du monde*, Laffont, Paris, 1976. Plus récent, il faut signaler J. GRALL et B. R. LÉVY, *La Guerre des semences. Quelles missions, quelles sociétés* ?, Fayard, Paris, 1985. On pourra aussi se reporter à R. LENOIR, *Le tiers monde peut se nourrir*, Fayard, Paris, 1984.

qui est du tiers monde, elle était tombée assez souvent dans la caricature peu productive intellectuellement, bien illustrée par le rôle central joué dans son approche théorique par la catégorie dénommée « bourgeoisie compradore » (catégorie moralement méprisable aux yeux des marxistes, le « compradore » est opposé au prolétariat industriel et aux masses paysannes, forces sociales saines). La pensée libérale, quant à elle, a toujours fait l'impasse, dans ses analyses du tiers monde, sur les violentes contradictions sociales que déclenche tout processus de développement et qu'exaspère l'explosion démographique.

Comment l'Europe a réussi à baisser ses taux de natalité sans contraceptifs

En réalité, la science économique moderne semble avoir oublié que l'une des composantes majeures de la solution apportée à la première explosion démographique, celle de l'Europe, a été dans la migration à titre définitif. En peuplant les Amériques, l'Asie centrale ou moyenne tombant sous la domination russe, et d'autres colonies, l'Europe s'est débarrassée de ses surplus démographiques. C'est ainsi que, de 1821 à 1924, 55 millions d'Européens vont quitter l'Europe, dans le cadre de mouvements beaucoup plus larges et complexes de migrations, comprenant des flux intra-européens importants, comme ceux des Allemands vers la Russie et les pays danubiens, des Italiens et Espagnols vers la France et la Belgique, des Irlandais vers l'Angleterre, etc[2]. Les causes de ces mouvements migratoires sont exactement les mêmes que celles que connaissent aujourd'hui les pays du tiers monde : effritement des modes de vie traditionnels, manque de terres

2. Pour une remarquable description de ces mouvements, voir A.S. MILWARD et S.B. SAUL, *The Economic Development of Continental Europe. 1780-1870*, George Allen & Unwin, Londres, 1979. On pourra aussi se reporter à M. REINHARD, A. ARMENGAUD et J. DUPÂQUIER, *Histoire générale de la population mondiale*, PUF, Paris, 1968, ainsi qu'à *Les Migrations internationales de la fin du XVIIIe siècle à nos jours*, recueil de travaux entrepris sous l'égide de la Commission internationale d'histoire des mouvements sociaux et des structures sociales, Éditions du CNRS, Paris, 1980. On trouvera, dans ce recueil, les principales données par pays d'émigration et pays d'immigration ; c'est ainsi, à titre d'exemple, que pour la seule Italie, entre 1869 et 1970, plus de 20,8 millions de personnes ont émigré définitivement.

cultivables, appauvrissement des artisans, guerres et révolutions, recherche de la liberté et de la sécurité. L'abaissement du coût des transports, l'émancipation juridique des individus des différents statuts de servage, les besoins des zones développées en main-d'œuvre ou ceux des zones riches en ressources naturelles, mais insuffisamment peuplées, sont autant de facteurs qui, hier comme aujourd'hui, permettent à ces flux de prendre une telle ampleur.

C'est ainsi que, sans douleur, l'Europe a pu trouver des solutions à ce que nous nommons aujourd'hui la surpopulation :

– élimination des énormes poches de misère et de vagabondage que la révolution industrielle avait créées et que Marx ou le docteur Villermé nous ont si bien décrites dans leurs travaux ; l'exode rural, que la parcellisation des terres et la mécanisation des travaux agricoles rendaient inéluctable, trouvait un exutoire final outre-mer et non dans la bidonvillisation géante et permanente des centres urbains ;

– consolidation des nouveaux statuts socio-économiques : professions libérales, fonctions publiques et militaires, employés et ouvriers de l'industrie, de la banque, du commerce.

La baisse de la natalité devenait aussi un phénomène économique naturel. Les solidarités familiales ébranlées par l'exode rural sont définitivement brisées par la migration définitive outre-mer ; la taille des familles se réduisait ainsi d'autant plus facilement. Le maintien des nouvelles conquêtes en matière de statut économique, en particulier en zone urbaine, achevait d'ôter toute raison d'être aux solidarités familiales traditionnelles et poussait à la restriction des naissances et à « l'embourgeoisement ». C'est donc sans préservatifs et sans pilules contraceptives que l'Europe réussit à réduire son explosion démographique[3].

3. Curieusement, en dépit de l'importance considérable des phénomènes migratoires dans la démographie européenne de l'ère industrielle, les études démographiques sur le tiers monde restent souvent silencieuses sur ce facteur dans leurs analyses des problèmes de « transition démographique » vers la baisse des taux de natalité. Certes, les migrations n'agissent pas directement sur la fécondité et la mortalité, mais leurs effets indirects sur la taille des familles et les niveaux de vie ne sauraient être passés sous silence, du moins par la démographie économique. Voir sur ce sujet J.-C. CHESNAIS, *La Transition démographique. Étapes, formes, implications économiques*, Institut national d'études démographiques, « Travaux et documents », cahier nº 113, PUF, Paris, 1986 (chapitre VI, « La transition migratoire »).

Enfin, et nous y reviendrons, le développement des échanges de l'Europe avec le reste du monde achevait sa prospérité et permettait le maintien de l'expansion industrielle dans une démographie en voie de stabilisation.

Aucune de ces conditions n'est aujourd'hui offerte au tiers monde, rudement secoué par une explosion démographique encore plus forte que celle connue autrefois par l'Europe. Aux missionnaires du développement qu'envoient les pays développés dans le tiers monde, avec leurs stocks de contraceptifs et leurs méthodes de planning familial, les pays « en développement » répondent exactement comme l'avaient fait en leur temps les pays européens, par le désir de migration. Mais il n'y a plus ou peu de terres riches et hospitalières à coloniser et le nombre potentiel de migrants est autrement plus redoutable que ceux de la petite Europe entre le XVIIe et le XXe siècle. C'est donc, à la différence des migrations européennes, la migration plus ou moins clandestine qui triomphe, mais avec des rythmes modestes vu l'ampleur du problème et les obstacles mis par les Américains, Canadiens, Européens et Australiens à ces flux migratoires.

Les effets pervers des migrations du tiers monde sur le processus de développement

Du reste, cette émigration n'a nullement les mêmes caractéristiques que celle des Européens autrefois.

• Ce sont d'abord, comme le dit le jargon économique, les « cerveaux » qui partent. Les meilleurs techniciens, ingénieurs, juristes, médecins-chercheurs, scientifiques quittent l'Inde, le Pakistan, l'Égypte, la Syrie, etc., à la recherche d'un véritable statut, d'une reconnaissance de la valeur de leurs capacités. Le *brain drain* (fuite des cerveaux) a d'ailleurs fait l'objet de nombreuses études et même de propositions pour y remédier. C'était dans les années soixante-dix, lorsque certains tentaient encore d'analyser et de penser les problèmes du sous-développement. Les Nations unies, à travers les économistes attachés à la Conférence sur le commerce et le développement (CNUCED), ou à l'UNESCO, ont, dans ce domaine, fait une œuvre de pionniers aujourd'hui ignorée, en dépit de nombreuses publications[4].

• Plus récemment, avec la montée des révolutions, des guerres civiles, des dictatures dans de larges zones du tiers monde, ce sont *les hommes d'affaires*, entrepreneurs, industriels, commerçants et négociants, les seuls à bien connaître les réalités de l'économie moderne, qui ont pris le chemin des pays riches. Ils continuent d'ailleurs de faire parfois des affaires avec leur pays d'origine, mais ils sont désormais de l'autre côté de la barrière ; leur rôle devient ainsi stérile, car ils ne sont plus que des entremetteurs au service des grandes industries des pays riches ; leur fonction n'est plus que de distribuer commissions et pots-de-vin aux nouveaux princes de leur pays d'origine pour faciliter aux grandes sociétés industrielles du Nord l'obtention de marchés ou la conclusion de transactions commerciales. Ces profits occultes, comme nous l'avons déjà mentionné, resteront en majeure partie dans les pays riches.

• Enfin, la dernière composante de ces flux migratoires est celle des *pauvres*, ceux pour lesquels la survie physique du groupe familial, tombé dans la misère absolue du fait de l'explosion démographique, dépend de l'envoi de l'un de ses membres dans les pays riches, pour y exécuter les travaux les plus rebutants, que même les miséreux de ces pays se refusent à accomplir. A la différence des anciens flux migratoires européens, ce flux-là maintient et même renforce les solidarités familiales traditionnelles. En ville, ou au village, le transfert mensuel du migrant vers les siens est attendu avec impatience, car il assure la survie physique de la famille et souvent l'éducation « moderne » d'un frère ou d'un cousin qui pourra alors espérer échapper à la misère, acquérir un statut socio-économique qui le mettra définitivement à l'abri du besoin. De plus en plus, avec la montée des racismes et des peurs communautaires, ces émigrations risquent de ne plus

4. La littérature, dans ce domaine, a été trop abondante pour être citée *in extenso* ; on signalera le travail de base d'analyse économique de la CNUCED, qui a décrit le phénomène sous le titre de « transfert inverse de technologie » : *The Reverse Transfer of Technology : Economic Effects of Outflow of Trained Personnel from Developing Countries*, CNUCED, TD/B/AC 11.25, 1975. Sur la fuite des cerveaux du monde arabe particulièrement alarmante pour l'avenir de cette région, on verra A. B. ZAHLAN (éd.), *The Arab Brain Drain*, (actes d'un séminaire organisé par la Commission des Nations unies pour l'Asie occidentale 4-8 février 1980), Ithaca Press, Londres, 1981.

être définitives. Ainsi pour les Maghrébins ou les Turcs pauvres, émigrés récemment en Europe, il devient plus difficile d'être acceptés et de s'intégrer, comme ce fut le cas de la dernière vague de migration en Europe, qui resta intra-européenne cette fois, celle des Portugais, Espagnols, Italiens vers le nord de l'Europe.

Les flux migratoires actuels ont donc des effets particulièrement pervers sur les situations de développement et de sous-développement. Bien loin de contribuer à guérir définitivement le monde des méfaits de l'explosion démographique, ils contribuent à maintenir des structures d'inégalités de développement à l'échelle mondiale. Ils sont certes une soupape compensatoire à ces inégalités, ils calment le mal, mais ne guérissent guère le malade.

Les montants de transfert de migrants vers leur pays d'origine sont en effet en augmentation constante depuis trente ans ; ils ont été considérablement gonflés par les flux migratoires du continent indien et de certains pays arabes vers les pays de la péninsule arabique exportateurs de pétrole. Ils atteignent aujourd'hui environ 40 milliards de dollars par an d'après les statistiques officielles des balances de paiement recensées par le Fonds monétaire international[5]. Ce montant est probablement plus proche de 60 à 70 milliards de dollars, puisque, ici encore, les chiffres officiels ne nous livrent qu'une partie de la réalité (une part importante de ces transferts ne passe pas par les canaux bancaires officiels). Il y a donc là, à nouveau, une masse monétaire « hors circuits » formels, gérée par des entremetteurs professionnels, et qui sert à alimenter divers marchés noirs de devises, permettant des surprofits parasitaires qui ne bénéficient évidemment pas à ces migrants. Le mauvais fonctionnement des institutions bancaires dans le tiers monde, l'existence de contrôles des changes et les marchés noirs qu'ils entraînent sont responsables de cette évasion de revenus.

Au fur et à mesure que la modernité se propage et, avec

5. FMI, *Balance of Payment Statistics*, vol. 41, Year Book, part 2, 1990. Pour ce qui est du Maghreb, on pourra se reporter à notre contribution : « Épargne et mobilisation de capitaux », aux journées sur *Financement du développement dans le bassin méditerranéen*, organisées par le Forum méditerranéen ; les actes de ces journées ont été publiés sous ce titre par le Forum aux éditions Échanges Méditerranée. On consultera aussi *L'Argent des immigrés. Revenus, épargne et transferts de huit nationalités immigrées en France*, INED, cahier nº 94, Paris, 1981.

elle, le refus des anciens statuts sociaux de grande pauvreté ou de misère, on assiste d'ailleurs à des aberrations même dans les flux migratoires. Les plus souffrants d'un pays pauvre donné refuseront en effet, chez eux, d'assumer les tâches ingrates de balayeur de rue, casseur de pierre, domestique, mais iront le faire volontiers chez les riches d'un autre pays pauvre. C'est de plus en plus le cas des Sri-Lankais, Philippins, Pakistanais, Arabes, Africains qui, face aux difficultés d'émigration vers les pays riches, se contentent d'une émigration dans un autre pays pauvre, appartenant de préférence à une autre aire de civilisation. Nous assistons ainsi au spectacle absurde de pays pauvres, frappés de sous-emploi endémique, mais qui deviennent à la fois exportateurs et importateurs de main-d'œuvre à bon marché. Le bilan strictement financier de ces flux migratoires devient ainsi moins intéressant, cependant que, dans les pays riches, les zones de chômage s'élargissent elles aussi, sans que les nationaux de ces pays ne soient vraiment prêts à exécuter les tâches peu valorisantes qu'accomplissent les travailleurs immigrés.

Ces phénomènes économiquement absurdes s'expliquent en fait par les changements de système de valeurs. L'égalitarisme qui s'est développé au début du siècle avec la révolution bolchevique et qui a aussi infiltré, comme nous le verrons ailleurs, les systèmes libéraux, a atteint aujourd'hui l'ensemble du tiers monde. Les hiérarchies traditionnelles sont contestées, les travaux rebutants, signes de l'état de misère, sont socialement partout refusés, lorsqu'ils s'exercent au sein du corps social auquel appartient le pauvre. Le statut de la respectabilité est devenu celui d'un travail noble, en usine, en bureau, ou dans un petit commerce indépendant, si peu payé ou si peu rémunérateur soit-il. Pour les plus pauvres, l'accès à la respectabilité passe ainsi par l'acquisition d'une épargne, que l'on constituera pour soi-même ou ses enfants dans les conditions les plus rebutantes, mais loin des regards des siens.

En sens inverse, et pour compléter ce tableau ubuesque, les pays riches exportent massivement de l'expertise technique hautement payée vers les pays en développement qui souffrent, eux, d'une grave fuite de cerveaux et exportent massivement, et sans espoir de retour, leurs meilleurs techniciens dont le coût de formation a le plus souvent été supporté par les efforts de la collectivité locale, la puissance publique et les familles de ces cadres et techniciens. Les sommes dépensées en assistance technique importée des pays riches sont de plus en plus importantes, sans que l'on puisse les déterminer avec précision, faute de statistiques fiables des balances de paiement. On peut toutefois signaler que l'ensemble des services (en assurances, prêt, voyages, assistance technique, rémunération des prêts et investissements) que se procurent les États du tiers monde leur coûte annuellement environ 300 milliards de dollars, selon les statistiques officielles du FMI. Les services d'assistance technique civile et militaire représentent dans ce total environ 80 milliards, et plus de 10 % des importations de marchandises (environ 750 milliards de dollars)[6].

Les recettes trop simples du développement ou les raisons de la convergence des libéraux et des marxistes

Nous vivons ici le cauchemar économique le plus total, sans que pourtant la réflexion économique ne se concentre sur l'analyse des données du problème. Les démographes font et refont leurs calculs dans l'espoir d'obtenir enfin des signaux positifs de baisse durable de la natalité dans le tiers monde, ce qui enfin permettra de dissiper les peurs et les frissons des pays riches. Leur tâche n'est guère rendue facile par la grande misère des appareils statistiques du tiers monde. Les spécialistes du développement et de la coopération internationale, eux, restent plutôt muets sur ces thèmes, une fois épuisés les couplets traditionnels sur les vertus du planning familial ainsi que la nécessité de développer la petite et moyenne entreprise, éventuellement en partenariat ou codéveloppement – pour employer les termes à la mode – avec celles des pays riches.

En réalité, les économistes occupés à se pencher sur le sort du tiers monde ont aujourd'hui, comme il y a vingt ou trente ans, des credo simplistes, qui ne sont pas sans rappeler ceux des missionnaires d'antan partis « européaniser » et « évangéliser » le monde. Les recettes du développement, comme hier

6. Source FMI, citée à la note précédente.

celles de l'évangélisation, paraissent d'autant plus simplistes que certains pays du Sud sont en proie au surendettement et à l'asphyxie financière, au chômage, aux convulsions sociales, bref à tous les maux d'une explosion démographique sans exutoire et d'une économie internationale sur lesquels les États ont de moins en moins prise.

Ces recettes du développement ont d'ailleurs souvent eu pour origine les travaux d'universitaires libéraux célèbres, en particulier ceux des universités américaines. Le plus connu fut incontestablement W.W. Rostow qui, dans un ouvrage célèbre sur *Les Étapes de la croissance économique*[7], devait populariser des images très simplistes et frappantes pour l'imagination sur la nature de la révolution industrielle. Il devait, en particulier, décrire comment pouvaient être réunies les conditions du « décollage » économique, donnant ainsi l'illusion qu'une société « en développement » pouvait ressembler à un avion dont les moteurs auraient atteint la puissance suffisante pour s'élever au-dessus du sol.

Avec une poussée suffisante (les investissements), et grâce aux expériences passées, il devenait implicitement possible de préparer une piste d'envol, de chauffer les moteurs, et de décoller vers les cieux de l'industrialisation rapide. C'est ainsi que seront mises au point les recettes que décriront deux autres économistes américains dont l'œuvre eut un grand retentissement, il y a trente ans, sur les thèmes du développement. Ce fut d'abord Ragnar Nurkse, bien que plus nuancé et préconisant une croissance équilibrée de l'ensemble de l'économie, réduisait le problème du sous-développement à un manque d'épargne locale et préconisait, comme remède, des transferts massifs d'épargne des pays riches vers les pays

7. Publié en 1960 aux États-Unis et en France, aux Éditions du Seuil, en 1961. Récemment, ROSTOW a publié un ouvrage beaucoup plus dense et nuancé qui retrace l'histoire intellectuelle des différentes approches du processus de développement : *Theorists of Economic Growth from David Hume to the Present with a Perspective on the Next Century*, Oxford University Press, Oxford, 1990 ; en France, J.-P. PLATTEAU avait déjà dressé un tableau de la pensée économique sur les phénomènes de sous-développement : *Les Économistes classiques et le sous-développement*, PUF, Paris, 1978, 2 vol. On pourra voir aussi certaines contributions de M. MORINEAU, regroupées dans son ouvrage récent, *Pour une histoire économique vraie*, Presses universitaires de Lille, 1985 (en particulier « Les problèmes de modernisation des structures économiques et sociales dans une économie multisectorielle », ainsi que « Des origines de l'inégalité du développement).

pauvres[8] ; cependant qu'Albert O. Hirschmann développait sa théorie dite du *big push*, la dose massive d'investissements sectoriellement et géographiquement concentrés, qui serviraient de levier pour permettre le décollage[9].

Ces recettes n'étaient guère en contradiction avec celles des économistes marxistes, même si les présupposés idéologiques et philosophiques étaient opposés. Dans les deux approches, en effet, un grand rôle était accordé à la puissance publique, aux investissements à dose massive, quitte à se procurer la quasi-totalité du capital physique et monétaire à l'étranger, et à une industrialisation prioritaire par rapport à toute politique agricole, avec une nette préférence accordée aux industries de « substitution à l'importation ». Les économistes latino-américains, travaillant dans le cadre de la Commission économique des Nations unies pour l'Amérique latine (CEPAL), développeront une littérature considérable sur ces thèmes, réclamant un soutien aux prix des matières premières pour assurer le financement du décollage ainsi que la mise en place massive d'industries de substitution aux importations au titre du *big push*.

Dans les années soixante-dix, une recette supplémentaire fut ajoutée par divers économistes des pays développés et du tiers monde, celle de la nécessité de transferts massifs de technologies des pays développés vers les pays en développement. La complexité croissante des techniques amenait alors à penser que la plupart des pays du tiers monde étaient dans l'incapacité de rattraper leur retard technique par leurs seuls moyens ; de plus, on pensait alors que l'égoïsme des États riches et les politiques de puissance des grandes firmes industrielles internationales amenaient à des rétentions des connaissances techniques, favorisées par le système de protection des brevets industriels. La revendication en faveur de transferts massifs et non entravés par les pratiques du capitalisme moderne devait figurer en bonne place à l'agenda des

8. R. NURKSE, *Les Problèmes de la formation du capital dans les pays sous-développés*, Cujas, Paris, 1968 ; les textes originaux anglais sont de 1951.
9. A.O. HIRSCHMANN, *The Strategy of Economic Development*, Yale University Press, Londres, 1958 (16 éditions successives en 1973).

demandes des pays du tiers monde en faveur d'un ordre international plus juste[10].

En réalité, toutes ces recettes étaient surtout inspirées par un véritable bloc idéologique organisant une vision rigide, simpliste et figée du processus de développement économique. Elles devaient rester très éloignées des problématiques très fines et fécondes que les historiens, en particulier anglo-saxons, étaient en train de développer à la même époque dans des débats très animés[11]. Dans la rivalité intellectuelle messianique du libéralisme et du marxisme pour qui le destin du tiers monde était un enjeu majeur, les visions simplificatrices dominaient. L'image libérale attrayante du « décollage », et de la mise en place des conditions nécessaires à sa réussite, venait donner la réplique aux mots d'ordre simples de l'économie marxiste relatifs à la nécessité de briser les liens d'exploitation que le capitalisme aurait tissés à l'échelle internationale et dont l'impérialisme, selon la séduisante formule de Lénine, n'était que le stade suprême. La bourgeoisie compradore, courroie de transmission du capitalisme des pays riches vers les pays pauvres colonisés, une fois abattue, de même que la féodalité terrienne, plus rien, aux yeux des marxistes, ne s'opposerait à l'épanouissement des forces productives dans le tiers monde grâce à une coopération de type socialiste, dénuée de mécanismes d'exploitation, avec l'URSS, ou avec la Chine pour les contempteurs du « révisionnisme ».

---

10. La littérature des années soixante-dix sur ce thème a été très abondante. On signalera ici un recueil des principaux textes et documents présentés par A. REMILI, *Tiers monde et émergence d'un nouvel ordre économique international*, Office des publications universitaires, Alger, 1975. On trouvera aussi un recueil de textes de personnalités sur les différents thèmes du nouvel ordre économique international dans *Justice économique internationale. Contribution à l'étude de la Charte des droits et des devoirs économiques des États*, Gallimard, Paris, 1976. Pour un historique de ces revendications, on se reportera à Karl P. SAUVANT (éd.), *Changing Priorities on the International Agenda. The New International Economic Order*, Pergamon Press, Oxford, 1981.

11. Nous pensons ici en particulier aux travaux de N. ROSENBERG sur les problèmes de conceptualisation et de description des mécanismes de diffusion et d'adaptation de la technologie à partir de l'étude de la mise en place des industries américaines (Voir *Perspectives on Technology*, Cambridge University Press, Londres, 1976, ainsi que *Inside the Black Box. Technology and Economics*, Cambridge University Press, Londres, 1982), et à ceux de Paul A. DAVID, analysant les causes de la montée en puissance de l'industrie américaine au XIXe siècle et de son émancipation par rapport à l'industrie britannique (voir *Technical Choice, Innovation and Economic Growth, Essays on American and British Experience in the Nineteenth Century*, Cambridge University Press, Londres, 1975). On trouvera en annexe une bibliographie supplémentaire.

Les recettes libérales n'étaient, en définitive, pas très éloignées des recettes marxistes, car elles favorisaient aussi les réformes agraires à l'encontre des grandes propriétés, un certain autoritarisme du pouvoir pour geler le jeu des oppositions de classe et accélérer par là le rythme du processus de développement ; elles invoquaient aussi une coopération massive avec des pays plus développés. La vulgate des experts du développement, au-delà des références idéologiques implicites, était finalement relativement homogène [12]. Elle entraînait la suppression du fonctionnement normal des processus socio-économiques et culturels ayant engendré la révolution industrielle, dont les historiens relevaient pourtant de plus en plus la complexité et surtout l'absence de causalité unique ; en particulier, elle ignorait totalement les problèmes ardus liés à l'évolution des systèmes techniques préindustriels vers des formes supérieures d'organisation de la technologie, dont la solution exige une vision claire, adaptée aux circonstances spécifiques de chaque pays, permettant à un État et à sa classe dirigeante de développer des cheminements sûrs et progressifs de « remontée des filières » technologiques principales, à travers des batteries de mesures de type éducatif, social, économique, fiscal et financier. Alors qu'une mine d'informations de type historique sur l'expérience de l'Allemagne et du Japon, deux pays venus avec retard à l'industrialisation, aurait pu servir de guide technique pour inspirer les politiques de développement, en particulier pour l'émergence des systèmes de la technologie moderne sans dépendance excessive et nocive sur les pays plus avancés, la vision du processus de développement resta conditionnée par un bloc idéologique rigide [13].

---

12. Voir un remarquable exposé des présupposées idéologiques de cette vulgate et de l'influence du contexte de la guerre froide chez Robert A. PACKENHAM, *Liberal America and the Third World, Political Development Ideas in Foreign Aid and Social Sciences,* Princeton University Press, Princeton, 1973. On lira aussi avec profit T. KILLICK *Development Economics in Action, A Study of Economic Policies in Ghana*, Heineman, Londres, 1978, où l'auteur montre comment la stratégie économique du Ghana au temps de Nkrumah, si catastrophique pour le pays, était directement inspirée des conseils de Hirschman et Nurkse.

13. Sur l'Allemagne, on se rapportera à W.-O. HENDERSON, *The Rise of German Industrial Power, 834-1914*, Temple Smith, Londres, 1975 ; sur le Japon, voir références au chapitre 5, note 11, p. 98 et note 12, p. 99, De façon plus générale, on pourra voir aussi T. KEMP, *Historical Patterns of Industrialization*, Longman, Londres, 1978, ainsi que *Innovation technologique et civilisation (XIXe-XXe siècles)*, ouvrage collectif issu des travaux et colloques d'histoire des mouvements sociaux et des structures sociales, Éditions du CNRS, Paris, 1989.

D'inspiration libérale ou marxiste, ce bloc idéologique ne voyait pas que le processus de la révolution industrielle n'était que le résultat d'un travail lent de forces sociales très diverses et très nombreuses, avec un réseau de causalité particulièrement complexe convergeant vers le progrès dans le développement et la gestion de systèmes technologiques plus raffinés et plus performants. Il avait focalisé sur une vision prométhéenne de l'homme, issue des grands moments révolutionnaires de l'histoire américaine et française, figée philosophiquement dans l'hégélianisme libéral ou marxiste qui avait découpé l'histoire de l'humanité en tranches artificielles et en étapes clairement identifiables. On reprenait ainsi les schémas visionnaires de l'évangélisation ; mais, désormais ce n'était plus l'Église qui changerait la face du monde, sauverait l'humanité, mais l'État qui libérerait les forces productives cachées de l'humanité et amènerait le bonheur industriel.

A l'issue de la Seconde Guerre mondiale et dans l'euphorie de la victoire et du succès du plan Marshall mis au point par les États-Unis pour assurer la reconstruction rapide de l'Europe, on pensait que, avec l'aide d'une coopération internationale massive, le sous-développement serait rapidement vaincu par des efforts de nature révolutionnaire, rompant brutalement avec les pratiques du passé. Libéraux et marxistes s'affrontèrent pour conquérir le tiers monde, au-delà de leurs divergences tactiques, dans une même vision stratégique, purement idéologique, n'ayant aucun lien avec les réalités complexes des systèmes technologiques et les lois de leur évolution.

L'indigestion de crédits pour le développement et la crise de la dette

Ce credo unanimiste et simpliste du développement régna sur la scène internationale depuis la fin de la Seconde Guerre mondiale jusqu'à ce que la crise de la dette des pays du tiers monde, au début des années quatre-vingt, vienne montrer les limites et les conséquences catastrophiques de ces politiques, en particulier en Amérique latine, mais aussi dans de très nombreux pays d'Afrique et du Moyen-Orient et en fait aussi en URSS et dans les pays de l'Est ; ce dernier groupe de pays, à la faveur de la détente entre Moscou et Washington, s'était en effet lui aussi mis à l'école de l'endettement et de l'importation massive de capital étranger à partir des années soixante-dix pour combler un retard économique grandissant vis-à-vis des puissances occidentales. La Chine et l'Inde, exceptions d'envergure, qui avaient résisté à ces recettes, échappèrent à l'effroyable crise du surendettement ; de même que la Corée du Sud, Taïwan et les autres « nouveaux pays industrialisés » d'Extrême-Orient, dont nous aurons à reparler.

Il n'y eut donc pas de grands affrontements idéologiques en matière de politiques de développement au cours de toutes ces années. La Banque mondiale, ainsi que les grands pays industrialisés, puis les grandes banques internationales, financèrent un peu partout dans le tiers monde les grandes actions dites de développement, toujours entreprises par les États ou les établissements publics : infrastructures, industries lourdes de base, écoles, hôpitaux, habitat. Le rôle central de l'État et la multiplication des grandes entreprises publiques étaient considérés comme des phénomènes inéluctables du développement. On était d'ailleurs encore proche des enseignements de Keynes, de l'expérience du *New Deal* aux États-Unis, du plan Marshall.

Ce fut le surplus de ressources bancaires internationales des années soixante-dix, grossi par les surplus financiers des pays exportateurs de pétrole, qui entraîna l'indigestion de crédits à laquelle furent soumis les États du tiers monde ainsi que ceux du bloc socialiste. Cette gloutonnerie financière, intellectuellement cautionnée par de grands économistes libéraux, devait avoir de nombreux effets économiques pervers que nous exposerons au chapitre prochain. Emballée entre 1975 et 1982, la machine de crédit fut brisée par le déclenchement des moratoires des deux plus grands pays du tiers monde endetté, le Mexique et le Brésil. L'effet domino devait alors jouer à plein, amenant plus d'une cinquantaine de pays à ne plus être en mesure de rembourser leurs dettes, face à une communauté bancaire et financière affolée qui refusait d'assurer le refinancement des dettes existantes et l'octroi de tout nouveau crédit avant une cure de « désintoxication ».

Les nouveaux credo du monétarisme pour « ajuster » les économies du tiers monde

Dans la foulée d'un libéralisme ultra-conservateur dont Milton Friedman donnait le ton intellectuel (par sa théorie monétariste limitant le rôle de l'État à la stricte régulation de l'émission monétaire) et Ronald Reagan et Margaret Thatcher le ton politique, les credo développementalistes connurent alors un renversement total. Les imperfections de plus en plus criantes des systèmes socialistes, puis leur effondrement subséquent achevèrent, en l'espace de très peu de temps, de convaincre les économistes du développement qu'il fallait totalement inverser les recettes anciennes. La reprise du flux de crédits aux pays du tiers monde et aux pays du bloc socialiste par les pays riches et les organismes multilatéraux de financement fut donc naturellement conditionnée par la cure de désintoxication des anciennes politiques économiques suivies. Cette cure fut dénommée pudiquement « ajustement structurel », devant permettre à la kyrielle de pays intoxiqués de se débarrasser de tous les pans malades de leurs économies, c'est-à-dire essentiellement de secteurs publics croulant sous les déficits financiers de diverses natures, de monnaies nationales absurdement surévaluées – permettant de façon artificielle le maintien de niveaux de vie très élevés par rapport aux capacités productives du pays –, de niveaux de protection douanière anormalement élevés entraînant une paresse industrielle certaine et du gaspillage économique [14].

Désintoxiqués, les pays en cause pourraient retrouver un dynamisme industriel, entrer de plain-pied dans le circuit des échanges internationaux, exporter plus et, enfin, rembourser leurs dettes. Dans ce schéma, la désintoxication consiste évidemment à réduire à la fois le déficit budgétaire et celui de la balance commerciale, les instruments d'intervention

14. Voir, à ce sujet, *Structural Adjustment Lending. An Evaluation of Program Design*, World Bank Staff Working Papers, n° 735, Banque mondiale, Washington DC, 1985 ; on pourra aussi se reporter, de façon plus générale, à Z. Laïdi, *Enquête sur la Banque mondiale*, Fayard, Paris, 1989, ainsi que S. Please, *The Hobbled Giant. Essays on the World Bank*, A West View Republica Edition, Colorado, 1984 ; et, pour ce qui est du FMI, à M.-F. L'Heriteau, *Le Fonds monétaire international et les pays du tiers monde*, PUF, Paris, 1986. En langue anglaise, on pourra se reporter à une collection d'études, appuyées sur un important appareil mathématique, et publiées par le FMI, *Fiscal Policy, Stabilization, and Growth in Developing Countries*, M.-I. Blejer et K. Chu, International Monetary Fund, Washington DC, 1982.

n'étant plus qu'indirects et de nature monétaire et comptable. Le freinage des importations se fera grâce à la dévaluation sauvage qui renchérit le coût des importations, couplée à la baisse du pouvoir d'achat des salariés, obtenue par les réductions de personnel excédentaire dans le secteur public et par la libération des prix intérieurs. Enfin, cheminement ultime de la cure, la privatisation des entreprises publiques doit renflouer les caisses de l'État et supprimer une cause importante de déficit des finances publiques.

Le problème principal de ce nouveau credo de l'ajustement structurel et des recettes qu'il met en œuvre a été et reste jusqu'aujourd'hui qu'il intervient dans une conjoncture d'explosion démographique encore aiguë. En réalité, dans la première vague de théories économiques du développement et des politiques qu'elles ont inspirées, il y avait trop de capacités financières en provenance des pays riches, mises à disposition des nouveaux États encore insuffisamment constitués et établis dans les sociétés en cause ; dans la vague actuelle, non seulement il y en a fort peu, mais les États devenus boulimiques ne peuvent aussi rapidement maigrir et fondre en poids sans remettre en cause les équilibres sociaux très instables sur lesquels ils reposent. Car, les échecs de politiques de développement fondées sur le bloc idéologique que nous avons analysé ont partout fragilisé la légitimité des pouvoirs, et donc des États.

L'apparition des phénomènes de rejet

La concrétisation très limitée des espoirs investis dans les recettes simplistes du développement, et donc de l'accès à la modernité, a partout fait germer dans le tiers monde des mouvements de contestation à couleur profondément réactionnaire. Ces mouvements, tels Sentier lumineux au Pérou ou le fondamentalisme islamique au Moyen-Orient, sont caractérisés par un refus de la modernité et de ses voies et moyens, en particulier l'État technocratique à l'européenne. Ce rejet est d'ailleurs partagé par les couches sociales des pays développés, qui ont été écartées des nouveaux mécanismes de développement ou dont les statuts sociaux se fragilisent : naissance et développement de sectes religieuses, renouveau de mouvements fascistes et racistes, affirmation d'une religiosité de type fondamentaliste dans le catholicisme ou le protestantisme. L'effondrement du communisme a d'ailleurs élargi considérablement la force d'attraction de ces idéologies et comportements sociaux.

Dans ces mouvements complexes et paradoxaux, de nouvelles formes de gestion et d'appropriation des richesses se sont mises en place. Ces dernières ont émergé à la faveur des nombreux flux et reflux monétaires et financiers, de l'ébranlement des structures et du rôle de la puissance publique dans les pays riches comme dans les pays pauvres. Malgré leur importance et leurs développements spectaculaires, l'économie politique continue de les ignorer, comme elle ignore la signification des nouveaux comportements politiques auxquels donnent lieu toutes ces transformations. Fait tout aussi grave, l'étude par les autres sciences sociales, en particulier l'anthropologie et la science politique, des nouvelles structures de pouvoir ainsi que des mouvements de rejet et de refus apparents de la modernité qui se développent en parallèle, n'intègrent pratiquement pas toutes les nouvelles données du fonctionnement de l'économie internationale[15].

15. On signalera cependant deux ouvrages anciens, mais très pertinents, sur les effets de la modernisation en termes de naissance de mouvements de protestation : S.-N. EISENSTADT, *Modernization : Protest and Change*, Prentice-Hall, New Jersey, 1966, ainsi que V. LANTERNARI, *Les Mouvements religieux des peuples opprimés*, La Découverte/Maspero, Paris, 1983.

4

Fondements d'une économie politique de la corruption

L'analyse économique continue encore aujourd'hui, en dépit de tout ce que nous savons des dysfonctionnements de l'économie moderne, d'évoluer à l'intérieur des catégories idéologiques traditionnelles mises en place et figées depuis le XIXe siècle, dont nous venons d'esquisser à grands traits le cadre théorique. Elle s'interdit, comme nous l'avons vu au chapitre 3, de prendre en compte de larges pans de la réalité économique, ceux où évoluent toutes les activités informelles, notamment celles liées aux phénomènes de corruption et, comme disent les juristes, d'enrichissement illicite. En fait, ainsi que nous l'avons exposé au chapitre 1, nous avons assisté, au cours des vingt dernières années, à une réapparition brutale de rentes improductives dans les pays développés comme dans ceux en voie de développement. Une large partie de ces rentes est issue d'ailleurs du fonctionnement des relations entre ces deux catégories de pays. Nouveaux riches et nouveaux vagabonds sont souvent le produit conjoint de ces mécanismes économiques pervers qu'il faut tenter de cerner.

On ne peut évidemment classer dans les phénomènes de corruption les activités informelles de production ou de commerce dans les pays du Sud menées par les petits artisans, les ruraux, les petits commerces de trottoir ou de villages pauvres. Mais il en va différemment des activités informelles d'envergure plus large, menées au Nord comme au Sud, ainsi que dans les pays de l'ex-bloc socialiste et qui, sans être proprement illicites, sont menées de façon à échapper à toute fiscalité des revenus produits. Nous pensons que, dans ces cas, lorsque l'activité n'est pas occasionnelle et donne lieu à des revenus conséquents, on est en face de phénomènes de corruption ; la puissance publique n'ignore pas, en effet, l'existence de ces activités souterraines, mais le plus souvent elle finit par les tolérer ou elle ne les réprime que très partiellement et sélectivement, du fait de complicités rémunérées qui s'établissent entre les agents économiques des secteurs informels et les agents de l'administration.

L'observation de terrain permet de constater de nombreuses causes de perversion des mécanismes économiques modernes à la source de l'enrichissement illicite. Ces causes tiennent à deux séries de phénomènes vraisemblablement complémentaires :
- la dégradation de la notion de puissance publique ;
- l'aggravation des phénomènes d'inégalité économique n'ayant pas leur justification dans des différences de productivité considérées légitimes par la société, et entraînant des chutes graves de niveau de vie pour de larges couches de la population.

Le premier type de phénomène donne lieu à ce que l'on peut appeler la grande corruption, qui permet à certains agents économiques, individus ou entreprises, de s'enrichir soudainement et sans effort productif particulier ; le second produit la petite corruption généralisée, qui permet des corrections du niveau des revenus formels, indispensables pour assurer le maintien d'un statut socio-économique minimal. Il apparaît souvent que l'extension de la grande corruption facilite et légitime la généralisation de la petite corruption. Par ailleurs, si nous avons parlé de la dégradation de la notion de puissance publique, cela implique la participation active des agents n'appartenant pas à la fonction publique dans les mécanismes de corruption.

La corruption : perversion morale ou transaction économique

Pour discerner les mécanismes économiques de la corruption, il faut mener une analyse dépassionnée, sans référence aux concepts moraux. Pour cela, un vocabulaire économique neutre s'impose, celui de transaction entre deux agents économiques, le corrupteur et le corrompu. Le corrupteur est celui qui dispose, préalablement à la transaction, de moyens financiers effectifs ou qui disposera potentiellement, dans le futur, de tels moyens grâce à la conclusion de la transaction. Le corrompu est celui qui dispose, de par sa fonction dans une institution économique, du pouvoir d'infléchir un mécanisme de prise de décision. La transaction de corruption consistera en l'accord entre le corrupteur et le corrompu pour que la première partie verse une rémunération à la seconde partie en contrepartie des efforts et risques que cette dernière prendra d'infléchir au profit du corrupteur la mise en application d'une norme, d'une règle ou des us et coutumes bien établis dans les mécanismes de décision de l'institution où le corrompu exerce une responsabilité institutionnelle. Parfois, la seconde partie, pour remplir son contrat vis-à-vis de la première, devra brutalement contredire la forme ou l'esprit d'un processus juridique ou organisationnel destiné à ordonner tel ou tel mécanisme économique. La tendance naturelle, quand il s'agit d'analyser la corruption, est de s'en tenir à la dimension morale du phénomène, et de dénoncer le comportement du corrompu qui s'enrichit illicitement. Nulle part on ne peut mieux constater cette tendance que dans l'indignation morale que suscitent les phénomènes de corruption dans le tiers monde, beaucoup plus visibles et plus généralisés que dans les pays riches. Aucune analyse, aucun effort de compréhension des réalités socio-économiques qui amènent au développement de ce type de transactions ne sont entrepris. Souvent, la corruption sera considérée comme une des innombrables plaies du sous-développement, au même titre que la nature désertique d'un pays, l'absence d'esprit d'entreprise, etc. Les corrupteurs, originaires des pays développés, ont de ce fait les coudées plus franches que lorsqu'ils agissent dans leur propre société, puisqu'ils pourront arguer du fait que la transaction de corruption fait partie des mœurs du pays sous-développé et que c'est le seul moyen d'y réaliser des

« affaires »[1]. La corruption devient ainsi un phénomène repoussoir qui paralyse la réflexion économique sereine, pourtant plus que jamais requise pour comprendre le fonctionnement des mécanismes économiques des trente dernières années.

La récurrence du phénomène de corruption d'un siècle à l'autre

Certes, la corruption en économie moderne ne date pas d'aujourd'hui. Le XIXe siècle capitaliste a connu des scandales retentissants où étaient impliqués de nombreux hommes politiques, des banquiers, des boursiers et agents de change, des aventuriers. Souvent, ces scandales étaient liés à la compétition féroce à laquelle se livraient les financiers pour l'obtention de concessions minières, de service public, de contrats d'exécution de grands travaux dans les colonies ou semi-colonies des grandes puissances européennes. Déjà, à l'époque, comme ils le seront à nouveau au XXe siècle, ces pays, y compris la Russie, seront gavés de crédit pour pouvoir payer les entrepreneurs européens ou américains heureux bénéficiaires de contrats fabuleux. Ces dettes du XIXe siècle, pour la plupart, ne seront pas remboursées et ce sont les petits épargnants des pays riches, poussés à souscrire ces emprunts par les financiers de leurs pays qui feront les frais de ces perversions des mécanismes économiques. En beaucoup de domaines, le XXe siècle a continué sur cette lancée, avec des moyens accrus et l'ouverture de vastes zones restées jusqu'alors plus ou moins fermées à l'économie moderne. En ce sens, la crise de la dette des pays du tiers monde n'est qu'une répétition d'un phénomène déjà largement connu au XIXe siècle[2].

1. On se reportera ici à l'excellent ouvrage de P. PEAN, *L'Argent noir, corruption et sous-développement*, Fayard, Paris, 1988 ; l'auteur y montre bien le rôle pervers du corrupteur des pays développés dans l'extension des phénomènes de corruption dans le tiers monde. Ce rôle a d'ailleurs été courageusement dénoncé par André POSTEL-VINAY (inspecteur général des Finances honoraire et ancien président de la Caisse centrale de coopération économique) dans différents articles, entre autres : « Les drames du tiers monde. Leur aggravation et leur expansion sont-elles fatales ? », paru dans la revue *Géopolitique*, n° 16, janvier 1987.

2. Nous avons montré cette récurrence dans un travail de recherche historique relatif aux dettes des pays du tiers monde au XIXe siècle (« L'endettement des pays en voie de développement : origine et mécanismes », *in Dette et Développement*, ouvrage collectif, Publisud, Paris, 1982).

On pourrait d'ailleurs constater que la crise de 1929, qui secoue l'ordre capitaliste dans ses fondements profonds, se déroule alors que les occasions de surprofits dans les colonies stagnent depuis la fin de la Première Guerre mondiale, que l'économie internationale s'est cloisonnée en blocs monétaires fermés, que la croissance des États-Unis s'essouffle. Spéculateurs et agioteurs exerceront leurs talents sur l'économie des pays développés, déclenchant une boulimie de crédits, emballant la Bourse américaine. En bref, la crise a pour origine le désir d'un argent facile, vite gagné, de fortunes bâties à l'encontre des règles de l'économie moderne et des lois du marché. Sous cet angle, la crise de 1929 est une sanction capitaliste aux infractions répétées et généralisées aux règles capitalistes.

Ce même type de mouvement spéculatif devait reprendre vingt-cinq ans après la fin de la Seconde Guerre mondiale, une fois épuisées les sources de revenus liées à la reconstruction des zones détruites des pays riches, ainsi que l'épuisement des effets de la seconde révolution industrielle : celle de l'acier avec ses prolongements massifs dans l'industrie automobile, celle du béton dans un mouvement d'urbanisation de plus en plus rapide. Le tiers monde devenait à nouveau une nouvelle frontière où la naissance de nouveaux États, l'explosion démographique, l'urbanisation sauvage créaient des besoins immenses ; l'explosion des prix pétroliers dans les années soixante-dix, et celle des flux financiers massifs qu'elle a déclenchés, le boom de la plupart des prix des autres matières premières ouvraient cette ère spéculative, propice à toutes les corruptions, dont nous vivons encore les conséquences négatives.

Vers la reconstitution de la vénalité des charges

En économie préindustrielle, l'argent facile venait du butin des guerres, des tributs payés, de l'abaissement du poids des monnaies en teneur de métal, de l'arbitraire fiscal des rois et des princes, de la pratique de la simonie dans les ordres ecclésiastiques, de celle de l'usure à l'époque où la théologie interdisait le prêt à intérêt, enfin, plus légitimement au regard des critères de notre modernité, du commerce au long cours, lequel était d'ailleurs loin d'être sans risque à l'époque pour les riches commerçants qui finançaient les expéditions navales ou terrestres. Les nouvelles règles du jeu économique posées par la révolution industrielle et le libéralisme ont banni les mécanismes de génération de la richesse sans travail productif ou sans risque financier véritable. C'est ainsi que le système de la vénalité des charges publiques pratiqué par les monarchies européennes a pu apparaître comme une aberration que les règles politiques et économiques modernes de gestion de la puissance publique se sont empressées de faire disparaître, remplacés en fait par le droit de timbre que l'administré doit payer pour certaines de ses formalités officielles. Au demeurant, le système de la vénalité des charges n'a pas été qu'européen, tous les empires ou royaumes préindustriels l'ont mis en pratique sous une forme ou sous une autre, de même que les systèmes d'adjudication des charges de prélèvement des impôts et des tributs ont été pratiqués sous des formes diverses par les puissances publiques préindustrielles.

La vénalité des charges résultait elle-même des conceptions patrimoniales de la puissance publique ; l'État préindustriel, princier, monarchique ou impérial n'est qu'un vaste domaine qui appartient au souverain à qui revient seul le droit de concéder des charges publiques, d'exploiter des mines ou des terres, de distribuer des patentes urbaines permettant de pratiquer des activités productrices ou marchandes. Dans de larges parties du tiers monde, après la colonisation ou semi-colonisation dont la durée historique a été relativement courte – exception faite de l'Amérique latine, cas très spécifique –, l'État moderne a émergé sur les décombres très récents de cette patrimonialité de la puissance publique et de l'exploitation du territoire. Pour que ce nouveau type d'État et de gestion des ressources, de la création et de la distribution de la richesse, puisse prendre greffe avec succès, il aurait fallu une généralisation rapide de l'industrialisation, un fonctionnement véritablement libéral de l'économie, en particulier des échanges internationaux, mais aussi des mécanismes locaux de base.

Le tout à l'État et la renaissance du patrimonialisme

Or, l'approche libérale des recettes pour guérir le sous-développement, n'a guère été adéquate. L'idéalisation du rôle de l'État dans le développement, que nous avons analysée au chapitre précédent, la généralisation des régimes présidentiels de nature dictatoriale un peu partout en Afrique, au Moyen-Orient, en Amérique latine et dans certaines parties de l'Asie ont évidemment provoqué des involutions vers l'État patrimonial. Il était de bon ton, d'ailleurs, dans la littérature sur le sous-développement de considérer que de fortes doses d'autoritarisme étaient légitimes pour pouvoir rapidement arracher les pays du tiers monde à l'état de pauvreté et de misère. La mobilisation populaire autour de figures politiques charismatiques était considérée comme nécessaire, de même que la réduction rapide des fortes inégalités sociales héritées de l'époque préindustrielle et de la colonisation[3]. On est ainsi rapidement allé vers le « tout-État » dans le développement ; les systèmes socialistes progressivement mis en place, tant qu'ils gardaient leurs distances vis-à-vis de la puissance soviétique, étaient vus avec une certaine bienveillance par les pays développés. Certes, les nationalisations d'intérêts occidentaux faisaient grincer des dents, en particulier l'annulation des concessions minières ou pétrolières ; des crises politiques graves en ont résulté, dont la plus célèbre restera la nationalisation du canal de Suez par l'Égypte. Mais ces pays à orientation socialiste payaient de substantielles indemnités, puis devenaient d'excellents clients des grandes industries et des bureaux d'études des pays développés.

Face à ces nouvelles perspectives, les États développés non seulement mettaient en place tout un appareil de protection économique et financier contre les risques encourus par leurs propres agents économiques dans leurs transactions avec les pays du tiers monde, mais aussi des systèmes de crédits subventionnés pour stimuler ces exportations, et vaincre la concurrence d'un autre pays développé. Le coût de ces mesures antilibérales, toujours en vigueur, est supporté par le budget des États industrialisés, c'est-à-dire, en dernière analyse, par les contribuables. *Ainsi, au tout-État dans le développement économique local répondait aussi un tout-État dans les*

3. Voir, à ce sujet, le stimulant essai de Peter L. BERGER, *Les Mystificateurs du progrès. Du Brésil à la Chine*, PUF, Paris, 1974 (original en anglais sous le titre *Pyramids of Sacrifice, Political Ethic and Social Change*, Basic Books, New York, 1974). Dans le même sens critique, on pourra se reporter à S. MICHAÏLOF, *Les Apprentis sorciers du développement*, Economica, Paris, 1984.

relations entre pays développés et pays sous-développés. Le tout-État, contraire à l'esprit même du libéralisme, n'avait pas mauvaise presse, répétons-le : travaillistes anglais, socialistes français, social-démocrates italiens avaient montré qu'il était possible de réduire les inégalités sociales les plus choquantes, des disparités régionales extrêmes, à travers l'action massive de l'État. C'était évidemment faire abstraction des délais de maturité dont ces États avaient bénéficié pour mettre en place et garantir la sécurité et l'indépendance d'un statut socio-économique élevé et puissant pour la haute fonction publique ; c'était oublier le monde perturbé de secousses socio-politiques dues à la colonisation et à la décolonisation, sur fond d'explosion démographique, dans lequel les États en développement se trouvaient pris.

C'est effectivement cette place omniprésente des États des pays développés et de ceux du tiers monde et, *a fortiori*, des pays de l'ex-bloc socialiste, dans les grandes actions de développement, qui devait ruiner les chances de dépasser les situations de grande pauvreté. Et qui devait amener ensuite les situations de gabegies, corruptions et gaspillages généralisées, empirant à mesure que les médecines de « l'ajustement structurel » bouleversaient à nouveau les règles de la compétition socio-économique. Serait-il exact de dire, en défense du rôle prépondérant de l'État, que l'absence d'entrepreneurs, le niveau insuffisant des connaissances techniques dans la population, la pesanteur des hiérarchies sociales imposaient la double interférence étatique du pays pauvre, en quête d'assistance technique et de capitaux, ainsi que du pays riche capable d'assister par ses connaissances et ses surplus d'épargne à investir ? C'est bien ce qu'aurait répondu n'importe quel économiste du développement des années soixante ou soixante-dix, qu'il ait été marxiste ou libéral.

L'État développeur contre le développement

Ces affirmations sont-elles fondées ? Ces pays n'avaient certes pas de tradition de grande industrie ; ils avaient, cependant, tous des formes spécifiques de l'équivalent de l'esprit d'entreprise et de discipline du travail collectif, dans la paysannerie, dans les corps de métiers artisanaux, dans différents systèmes d'échanges commerciaux. Quoi que l'on dise, et sauf certaines exceptions notoires, le colonialisme avait ouvert à certaines élites un accès, si restreint fût-il, à la culture moderne. C'est pourquoi le « tout-État » dans les actions de développement, une fois l'indépendance acquise, devait priver les pays du tiers monde, tout comme autrefois la Russie tsariste, d'une chance de réussir leur développement par des moyens naturels, c'est-à-dire par un libéralisme intelligemment dirigé par la puissance publique, offrant aux différentes catégories de la population la possibilité de changer de statut socio-économique par un accroissement de leur productivité économique[4].

En contrôlant à tous les niveaux les mécanismes de formation et de gestion de la richesse, en s'installant lui-même entrepreneur, sans laisser aux groupes de solidarité traditionnelle ou aux individus une seule chance de participer à la compétition économique, l'État développeur dans le tiers monde, comme en Russie bolchevique, se sabordait lui-même dès sa naissance, en tant qu'instrument principal d'une modernité économique qu'il lui revient d'orchestrer et d'encadrer, mais non de créer dans le vide de théories abstraites. La puissance publique redevenait ainsi patrimoniale et vénale, comme elle l'avait toujours été jusqu'à l'épanouissement de la révolution industrielle en Europe. L'État accaparant toutes les sources de la richesse, les luttes sociales les plus âpres et les plus sordides se dérouleront pour l'investir, le diriger, sans que le moindre souci d'entrer dans une spirale sociale cumulative de productivité et de progrès technique ne préoccupe les protagonistes de ces luttes. Les solidarités ethniques, religieuses, tribales, régionales sont, dans ce cas, sourdement ou ouvertement mobilisées pour partir à l'assaut de la seule forteresse de pouvoir moderne, l'État sorcier, bon à tout faire.

De plus, c'est par l'État que tout s'obtient des pays développés : par les mécanismes de « coopération » mis en place, les entreprises privées de ces pays ne fournissent au

4. Peu d'économistes ont critiqué, dans les années soixante et soixante-dix, le poids des interventions étatiques, en particulier de nature financière. On pourra voir cependant les travaux de P.T. Bauer, complètement hérétiques par rapport à l'ambiance de ces décennies (voir en particulier *Dissent on Development*, Weindenfeld and Nicolson, Londres, 1976). On signalera aussi le très stimulant ouvrage de R.I. McKinnon, *Money and Capital in Economic Development*, The Brookings Institution, Washington DC, 1973, ainsi que D. Lal, *The Poverty of « Development Economics »*, The Institute of Economic Affairs Londres 1983.

tiers monde – et *a fortiori* aux pays socialistes – biens et services qu'à l'État ou aux entreprises publiques, après mise en place d'un crédit et approbation et garantie du risque par son propre État. Si l'entrepreneur privé du Nord vend accessoirement à des individus ou à des entreprises locales, il le fera avec la garantie de l'État concerné ou d'une banque contrôlée par lui. Bien plus, cet État mettra partout des barrières aux transactions non étatiques avec l'étranger pour bien s'en réserver le monopole, en particulier par le contrôle des changes et l'établissement de quotas d'importations en termes d'unités physiques. Puisque l'individu n'a pas de rôle à jouer dans ces grandes actions de développement, nulle part les fiscalités ne seront adaptées pour constituer un incitatif au progrès technique. L'État prélève lourdement sur la consommation par des droits de douane élevés, par des taxes indirectes, mais subventionne certains produits stratégiques pour empêcher les émeutes de la pauvreté et du vagabondage (céréales, sucre, etc.).

Curieusement, sous prétexte de favoriser l'industrialisation, les recettes simplistes du développement ont amené l'État du tiers monde à exempter de toute taxation non seulement les biens d'équipement, mais aussi les services techniques importés. Ce faisant, l'État a supprimé toute incitation au développement local de la gamme d'activités intellectuelles créatrices qui accompagne nécessairement tout processus d'industrialisation, en particulier le développement de bureaux d'études spécialisés dans les différents types de travaux publics, les bureaux d'études industrielles spécialisés dans différentes branches et filières économiques, etc. Il devient alors impossible au petit bureau d'études local d'entrer en compétition avec les grands organismes d'études des pays industrialisés et de développer progressivement les capacités de maîtrise de la conception et de l'adaptation des ouvrages d'art en matière de travaux publics ou de process industriel. Au mieux, les bureaux d'études étrangers sous-traiteront les parties les moins sophistiquées du travail à des organismes locaux, les parties « nobles » restant leur monopole. L'ingénieur du tiers monde qui cherche à accroître son expérience, à maîtriser la pratique des études de grands chantiers complexes (ports, aéroports, ponts, métros souterrains, etc.), de conception d'outils et de machines industrielles, de processus de production, n'aura de choix que d'émigrer pour se faire directement recruter par un grand bureau d'études des pays industrialisés. De la sorte, la « déprotection » douanière, sous prétexte d'encouragement à l'investissement, n'aura profité qu'aux pays riches exportateurs de biens et équipements et de matière grise, et pénalisé fortement le développement des capacités locales d'industrialisation véritable. De plus, la forte protection assurée aux produits finis assemblés localement aura achevé de décourager les progrès locaux dans la maîtrise des processus industriels modernes, cependant que le niveau très bas des salaires de la fonction publique – pléthorique parce que seule créatrice d'emplois (État et entreprises publiques) – incite aussi les meilleurs techniciens à quitter le pays en « développement ».

L'émergence de la corruption et des pénuries hors d'Europe

Dans des modes de développement aussi peu propices à l'entreprise privée, on verra curieusement les chefs d'État et hauts responsables encourager une poignée d'individus ayant de bons contacts avec les grandes entreprises étrangères à devenir des intermédiaires officieux de l'État pour toutes les grandes adjudications. Ils ont vraisemblablement pensé, lorsque la corruption n'était pas directement leur objectif, que ces individus pouvaient être de bon conseil face aux sociétés étrangères. Immanquablement, les commissions étaient au rendez-vous, servant alors à alimenter les caisses noires des principaux dirigeants et de leurs services de sécurité, ou même celle du parti unique au pouvoir, ainsi que les charges de train de vie de chefs d'État que la seule rémunération inscrite au budget de l'État ne permettait pas d'assurer.

Une fois l'exemple donné par le haut, il ne peut que se répercuter vers le bas des hiérarchies de la fonction publique qui gère tout l'arsenal de l'enchevêtrement des mesures de contrôle. Très vite, l'appareil administratif et même les cadres des entreprises publiques apprendront comment l'on peut s'enrichir en jouant sur ces contrôles si lourds qu'ils diluent toute responsabilité personnelle dans les chaînes de commandement caractérisées par la complexité. Passé les premières années d'idéalisme et d'illusions, lorsqu'il apparaît que la réalisation des espoirs de promotion sociale dépend uniquement de l'opportunisme politique et nullement des mécanismes d'excellence économique, technique, culturelle ou scientifique, la corruption devient courante. Elle sera d'autant plus généralisée que l'inflation rogne rapidement le pouvoir d'achat et que des revenus complémentaires deviennent nécessaires pour ne pas tomber dans la misère.

C'est dans ce contexte que naissent les pénuries qu'ont connues tous les régimes socialistes. Générée indirectement par le laisser-aller général, la déficience de tous les systèmes de gestion et de leurs supports logistiques, ou plus directement par des actions de détournement des biens produits par les entreprises étatiques vers le marché noir, la pénurie permet l'enrichissement improductif de toute une chaîne de personnes qui organisent et protègent ces actions ; elle génère, pour les distributeurs, transporteurs et vendeurs des biens détournés, des revenus qu'ils ne pourraient autrement se procurer, faute d'emplois disponibles.

La corruption contre les lois du marché

On le voit, la corruption n'est pas une aberration économique, loin de là. Elle est au contraire, dans le cas du tiers monde et des régimes socialistes, une réponse économique rationnelle à un environnement socio-économique dénué de logique et de règles économiques claires[5]. En effet, dans ce type d'environnement, la maximisation des revenus permettant d'augmenter les niveaux de consommation en biens et services modernes ne peut se faire par une compétition ouverte entre individus et entre firmes dans le cadre de normes claires et impersonnelles, comme le requiert tout environnement véritablement libéral. Les agents économiques auront alors tendance à recourir à une compétition occulte, sans utilité productive, afin de s'approprier informellement les revenus qui leur manquent pour s'assurer le niveau de consommation recherché en ce qui concerne les individus, la puissance économique pour ce qui est des firmes d'État. On a d'ailleurs souvent pu constater sur le terrain, dans les pays

5. On renverra ici à une brillante réflexion d'économie politique que nous avons trouvée sous la plume de Marc OLIVIER, *Les Rentes régaliennes. L'accumulation privée des détenteurs du pouvoir politique comme élément constitutif des modes de régulation*, Centre de recherches en informatique appliquée aux sciences sociales (CRISS), « Notes et rapports de recherche » nº 24, Grenoble, mars 1992.

à économie étatique, des rivalités féroces entre firmes d'État pour l'accès au crédit, en particulier le crédit étranger, ainsi qu'aux matières premières, produits semi-finis et pièces de rechange locaux ou importés. La régulation de cet accès ne s'est jamais faite par les moyens classiques de la norme juridique libérale ou la rationalité du planificateur centralisé, mais par le trafic d'influence politique, le pot-de-vin ou la transaction de corruption.

Partout où ces systèmes ont fleuri, le phénomène d'émergence du marché noir des devises a traduit aussi l'aberration des contrôles des changes où l'État s'adjuge un monopole absolu et exclusif de tous les moyens de paiement en monnaies étrangères. Ce système a évidemment abouti à des surévaluations nocives des taux de change, puis, depuis la mise en place des cures d'ajustement structurel, à des dévaluations massives. Ces deux formes d'excès contraires ont fait la joie des nombreux acteurs locaux et de leurs correspondants étrangers qui manipulent ces marchés noirs et y réalisent des taux de profit qu'aucune activité productive normale ne pourrait générer. Bien qu'il soit notoire désormais qu'aucun système de contrôle des changes n'a jamais arrêté la fuite des capitaux et le transfert des richesses nationales vers l'étranger, la plupart des systèmes mis en place dans les années d'émergence des États du tiers monde ou des États communistes continuent de fonctionner aujourd'hui.

Il ne sert donc à rien de condamner moralement la corruption, il faut en analyser les ressorts économiques pour rétablir de véritables logiques de compétition libérale, à défaut d'une planification centralisée qui a partout montré ses limites. La solution du « presque plus d'État », à la mode aujourd'hui, n'est certes pas la cure idéale dans les conditions économiques mondiales que nous vivons depuis les trente dernières années. En effet, le problème de la corruption n'est pas seulement lié à la conception déficiente des systèmes économiques du tiers monde et des pays socialistes ; il se développe partout où s'amplifient les distorsions économiques qui affectent de plus en plus l'économie mondiale, y compris dans les zones capitalistes.

Ces distorsions sont d'abord constituées par la montée en puissance des grandes industries et établissements bancaires et financiers privés. Le phénomène de la mondialisation des grandes sociétés européennes et américaines, et plus récemment japonaises, a été largement décrit et analysé par les économistes. Il était d'ailleurs fréquent, dans les années soixante et soixante-dix, de dénoncer leur comportement, leurs pratiques oligopolistiques ou monopolistiques, et cela pas seulement par les économistes du tiers monde et du bloc socialiste[6]. Depuis le triomphe de l'ultra-libéralisme conservateur, le thème est totalement passé de mode ; ou du moins n'est-il abordé que sur un autre registre, celui des dommages que l'activité de ces firmes cause à l'environnement, thème politico-économique de plus en plus populaire.

Or c'est bien la toute-puissance de ces firmes transnationales qui fausse le fonctionnement des économies libérales des États industrialisés. Elles sont incontestablement les véritables féodalités de l'économie moderne et sont en mesure de s'approprier des rentes dont l'utilité productive n'est pas toujours justifiable. Ces rentes sont constituées en partie par l'obtention de gros contrats avec l'État, dans le domaine de la défense, de la construction des infrastructures lourdes, des grands aménagements, sans que les normes classiques de concurrence ne jouent. Le trafic d'influence et la transaction occulte avec le haut personnel politique ou administratif de l'État sont à l'origine de cette catégorie de rentes. C'est ainsi que, périodiquement, les États développés sont secoués par des scandales impliquant de grandes firmes ayant obtenu des contrats de fournitures, ou de travaux publics, ou de recherche, sans respect des règles de la concurrence, et aussi parfois avec des surfacturations patentes. Ce qui se pratique à une échelle importante dans le tiers monde et les ex-pays communistes s'observe de plus en plus souvent dans les pays à économie libérale. Dans ces pays aussi, l'argent noir peut servir à alimenter la caisse des partis politiques, de plus en

6. On peut penser en particulier aux travaux de C.-A. Michalet, notamment *Le Capitalisme mondial*, PUF, Paris, 1976 ; ou chez les Anglo-Saxons, de Ch. Levinson, *Capital, Inflation and the Multinationals*, George Allen and Unwin Ltd., Londres, 1971 (traduction française aux Éditions du Seuil, sous le titre *L'inflation mondiale et les firmes multinationales*, Paris 1973), ou de L. Turner, *Multinational Companies and the Third World*, Allen Lane, Londres, 1973.

plus dépensiers du fait de la médiatisation accrue des grands moments de la vie démocratique.

L'interpénétration du *big business* et du haut personnel politique et administratif tend donc à devenir une caractéristique des pays développés, qui pervertit aussi bien la saine logique politique que celle de l'économie. La souveraineté de l'État libéral, son rôle d'arbitre et de régulateur au-dessus des agents économiques sont compromis par la puissance des grands groupes industriels et financiers qui le phagocytent progressivement ; la privatisation des grands médias audiovisuels sous la coupe des groupes industriels ou financiers accentue encore plus la dépendance du pouvoir vis-à-vis de ces groupes. On assiste ainsi à une involution des grandes conquêtes du libéralisme, par l'émergence de véritables féodalités économiques à même de réduire le pouvoir souverain de l'État et sa capacité de régulation économique.

Cette évolution paraît d'ailleurs s'accélérer sous le coup de la fragilisation des statuts socio-économiques et des niveaux de consommation du personnel étatique dirigeant ou des corps intermédiaires, tels que les enseignants et les cadres moyens de maîtrise de l'industrie, véritable épine dorsale de l'État moderne. Les transactions occultes de corruption peuvent alors fleurir d'autant plus facilement que dans les États développés, malgré la tendance à déréglementer, certains secteurs continuent d'être l'objet de réglementations touffues.

Le changement dont on ressent de plus en plus le besoin dans les pays développés, pour arrêter la dégradation brutale de l'idéal libéral, et que les hommes politiques de tout bord exploitent, ne peut trouver de canaux d'expression convaincants. Le malaise grandissant se traduit par la montée des partis d'extrême droite ou celle des mouvements écologistes qui dénoncent bien les ravages que le fonctionnement de l'économie moderne fait supporter à l'environnement, mais ne parviennent pas à tirer toutes les conséquences en termes d'une économie politique renouvelée permettant de sortir du faux dilemme « croissance ou environnement »[7].

---

7. La littérature sur les problèmes écologiques est vaste et de bonne qualité, mais elle n'est pas encore intégrée, sauf exception, dans la réflexion des économistes. On trouvera un bon bilan des problèmes écologiques dans M. BARNIER, *Le Défi écologique. Chacun pour tous*, Hachette, Paris, 1991. On doit aussi mentionner les travaux d'I. SACHS, qui tente d'intégrer les problèmes écologiques dans la science économique ; on se reportera à ce sujet à *Stratégies de l'écodéveloppement*,

Le problème est que la machine économique mondiale se débat dans des rigidités techniques de plus en plus fortes qui affectent les pays développés comme les pays du Sud et de l'Est. Pour ces deux dernières catégories de pays, les problèmes de transition du « tout-État » au « moins d'État possible » apparaissent de plus en plus insolubles et lourds de menace pour l'avenir. Ce sont ces rigidités qu'il nous faut maintenant tenter de comprendre.

Éditions Ouvrières, Paris, 1980, et à *Initiation à l'écodéveloppement*, sous la direction d'I. SACHS, Privat, Toulouse, 1981. En anglais, on signalera l'approche très claire de R. RIDDEL, *Ecodevelopment*, Gower Publishing Cy, Hampshire, 1981, ainsi que le rapport effectué à la demande de l'Assemblée générale des Nations unies par plusieurs personnalités sur les problèmes d'environnement, *Our Commun Future*, The World Commission on Environment and Development, Oxford University Press, Oxford, 1987.

5

La féodalisation des modes de gestion de la technique industrielle

Les secrets bien gardés des coûts de fonctionnement de l'économie moderne

Comme pour toute révolution, la révolution industrielle, après avoir libéré des énergies créatrices remarquables, a été frappée, avec le temps, de rigidité ; ses grands principes ont été vidés de sens. Le libéralisme, qui l'a encadrée, accompagnée, régulée, tend à devenir un cadre intellectuel creux. Après avoir bouleversé les anciens ordres, les rapports traditionnels du prince, du pauvre et du vagabond, fondés sur des mécanismes non économiques, après avoir provoqué et géré des bouleversements considérables dans tous les domaines, la voici aujourd'hui essoufflée, rigide, prisonnière d'évolutions qu'elle ne maîtrise plus. Nous avons décrit, à larges traits, la reconstitution déguisée des anciens ordres, la généralisation des rentes improductives et des inégalités de chances dans le processus du développement que la logique même du libéralisme devrait amener à refuser, mais qui ont pu impunément se développer à l'abri de visions exclusivement idéologiques et théoriques de la nature de ce processus.

Il nous faut identifier le centre de ces rigidités qui pervertissent le fonctionnement du libéralisme au niveau de la gestion des techniques industrielles ; ce mode de gestion entraîna à son tour la paralysie de l'analyse et de la réflexion économique que le siècle des Lumières avait su si bien développer. Il fut en effet le temps où le progrès des connaissances et des techniques s'élargissait à l'échelle de larges élites, dans des synthèses unificatrices à la portée de tout homme éclairé de l'époque. Les encyclopédistes permirent cette unification du savoir, que tout homme désireux de contribuer au progrès humain se devait d'assimiler et de comprendre. Économie, démographie, politologie, connaissances des techniques agricoles et industrielles, mathématiques, botanique, physique et chimie formaient un corpus de connaissances uniques, assimilables par toute personne cultivée. Au fur et à mesure que le libéralisme réorganisait les sociétés européennes qui, elles-mêmes, réordonnaient le monde, et que l'essor des connaissances techniques se faisait plus rapide, les savoirs s'émiettaient à nouveau, se spécialisaient à l'extrême. Nous avons décrit au chapitre 2 la montée en puissance des ingénieurs, la spécialisation du savoir des statisticiens et des comptables. En particulier dans le domaine des procédés industriels, des techniques agricoles, mais aussi de celles de la santé, de l'habitat, des transports, de l'énergie, les savoirs du XXe siècle deviendront totalement spécialisés et étanches.

Seuls les dirigeants chevronnés des grandes firmes transnationales seront en mesure de connaître avec précision le fonctionnement et les coûts de l'économie moderne. C'est à l'intérieur de la firme transnationale, en effet, que l'on peut connaître les vrais coûts, les péréquations occultes entre pertes dans certaines branches et surprofits dans d'autres, les taux de subvention directement ou indirectement accordés à tel ou tel type d'activité par l'intervention de l'État et des collectivités locales, par un système général de prix dont certains peuvent être manipulés. (Quelques hauts fonctionnaires et des hommes politiques le sauront aussi, qui connaissent le coût réel de certaines mesures économiques ou administratives, coût caché et habillé dans le maquis touffu de la comptabilité publique.) Ce sont ces mêmes sociétés transnationales qui concentrent en leur sein les capacités de recherche de techniques nouvelles ou financent dans les universités les recherches qui les intéressent.

En bref, il est maintenant banal d'affirmer que ces firmes concentrent aujourd'hui un pouvoir qui s'exerce en cercle fermé, et retrouve une forme féodale. Ce pouvoir est devenu d'autant plus rigide qu'il est massif ; il perd de la sorte la capacité d'agir avec souplesse et de se réformer rapidement pour minimiser les gaspillages et empêcher la génération de rentes improductives.

Il est en effet de plus en plus difficile de contester et de réformer les grandes structures de pouvoir économique. Les structures économiques ont perdu la capacité d'adaptation et la plasticité qui ont prévalu au temps de la première révolution industrielle, lorsque l'artisan de génie, l'homme de science et d'expérimentation isolé dans son cabinet de travail, le banquier visionnaire pouvaient souvent imprimer au développement des directions tout à fait nouvelles. Une invention isolée, l'amélioration d'un procédé industriel par le chercheur individuel ont aujourd'hui peu de chances de s'inscrire dans la réalité économique et d'influer positivement sur elle, si elle n'est pas, au préalable, annexée par un des grands centres de pouvoir économique exclusivement constitué par les firmes transnationales et les grands établissements financiers qui les accompagnent et soutiennent leur développement.

Bureaucratisation des firmes industrielles et des calculs de rentabilité

Ces firmes sont elles-mêmes devenues de lourdes bureaucraties ; l'ampleur des investissements qu'elles ont réalisés et de ceux où elles ont le plus souvent entraîné les États, pour mieux rentabiliser leur propre effort, les pousse à un certain immobilisme technologique. Il ne faut pas arrêter une branche d'activité, une filière économique, avant d'en avoir épuisé tous les profits potentiels. Même dans les branches où des découvertes remarquables voient le jour, comme en électronique, les nouveaux procédés sont d'abord mis au service d'une expansion des structures technico-industrielles existantes dans les transports, l'urbanisme, les médias audiovisuels ; ils ne servent pas à changer la morphologie des structures dont, pourtant, les coûts collectifs, les nuisances de toutes sortes n'échappent plus à personne.

En fait, toutes les méthodes de calcul de la rentabilité des investissements sont prisonnières des données technico-économiques existantes et de leur rigidité, de l'impuissance de l'économiste due à sa méconnaissance des coûts réels des techniques, de l'asservissement du statisticien et du comptable à des centres de pouvoir de plus en plus concentrés. Ainsi, on trouvera partout la route destructrice et polluante plus rentable que le chemin de fer qui périclite ; l'avion que le navire ; le transport de gaz ou de pétrole sur des dizaines de milliers de kilomètres plus naturel que celui de l'eau alors que la désertification des terres avance partout ; l'emploi du béton, qui a révolutionné toutes les techniques de construction, plus avantageux que n'importe quel autre matériau ; polluant, générateur de déséquilibres économiques, le tourisme de masse ravageur, parce que concentré sur des périodes courtes, plus intéressant à maintenir que l'effort de réorganisation des systèmes de loisirs et de repos et les systèmes de transport qui les soutiennent ; l'hôpital géant aux logistiques coûteuses plus rentable à construire que la polyclinique de quartier ; la technique des grands barrages hydro-électriques pourtant si contestée continuera d'être préférée à la multiplication des ouvrages agricoles, des canaux de dérivation, des lacs collinaires, etc. On pourrait multiplier à satiété les exemples de rigidité dans la mise en œuvre des grands systèmes technologiques modernes.

Une controverse oubliée : la technologie peut-elle être appropriée à des contextes historiques différents ?

Pourtant, dans les années soixante et soixante-dix où certains tentaient encore de maintenir vivantes les traditions d'économie politique du siècle des Lumières, une controverse importante s'est développée entre économistes spécialistes du développement, relative à la nécessité de mettre en œuvre des « technologies appropriées ». Elle ne devait pas cependant dépasser le cercle de ces spécialistes, en dépit de l'importance des questions soulevées. Les partisans des technologies appropriées montraient les effets nocifs de la transplantation aveugle et sans adaptation des procédés industriels modernes dans les économies non encore industrialisées ; ils réclamaient en conséquence des mises en œuvre institutionnelles et organisationnelles de ces techniques plus adaptées à la réalité des structures socio-économiques de ces pays[1]. Cette réflexion de bon sens, pour être mise en pratique de façon généralisée, aurait demandé d'énormes efforts d'inventivité et de créativité économico-industrielle dans les pays développés comme dans les pays sous-développés. Il fallait, en effet, procéder à une identification et une analyse fine des différentes techniques en œuvre dans les systèmes technologiques lourds des grandes firmes internationales ; redécomposer ces systèmes pour concevoir, à partir des mêmes principes techniques et des mêmes éléments de productivité, des systèmes technologiques adaptés à l'état des connaissances, au niveau de développement des soutiens infrastructurels nécessaires à toute industrie, ainsi qu'au stade de la transition démographique en cours dans les pays du tiers monde.

L'appel à des technologies appropriées souleva partout de vives critiques. Dans les pays industrialisés, les gardiens de l'orthodoxie économique, marxiste ou libérale, restaient prisonniers de leurs modèles abstraits et de leurs blocs idéologiques ; ils refusaient de considérer qu'il était possible d'adapter les techniques aux structures et milieux socio-économiques ou climatiques, ou même d'envisager que cet effort important puisse être à long terme beaucoup plus rentable que les transferts massifs de capitaux et de techniques, dont les effets spectaculaires attendus à court terme étaient trop tentants[2]. De plus, les grandes firmes industrielles internationales étaient farouchement opposées à cette approche qui les aurait amenées à consacrer des efforts de recherche et développement nouveaux, inutiles à leurs yeux sur leurs marchés principaux des pays industrialisés ; dans le contexte d'une féroce compétition à l'échelle internationale, ces effets apparaissent inutiles et dangereux. On demandait ainsi implicitement aux régions pauvres du globe de s'adapter

1. Il s'agit des travaux remarquables de E.F. SCHUMACHER, notamment son ouvrage célèbre, paru en 1974, *Small is Beautiful* (traduit en français sous le titre *Une société à la mesure de l'homme*, Le Seuil, coll. « Points », Paris, 1979). On lira aussi avec profit *La Technologie appropriée. Problèmes et promesses*, sous la direction de N. JEQUIER, OCDE, Paris, 1976, ainsi que D.-C. LAMBERT, *Le Mimétisme technologique du tiers monde. Plaidoyer pour le recours à des techniques intermédiaires et différenciées*, Economica, Paris, 1979. On se souviendra par ailleurs des remarquables analyses d'Ivan ILLICH, en particulier sur l'inadaptation des institutions éducatives et de l'organisation médicale modernes ; on pourra se reporter, entre autres, à son ouvrage *Libérer l'avenir*, Le Seuil, Paris, 1971.

2. C'est ce que traduit l'ouvrage d'un économiste d'inspiration marxiste, publié par l'Institut de recherche et d'information sur la multinationale : A. EMMANUEL, *Technologie appropriée ou technologie sous-développée* ?, IRM-PUF, Paris, 1981.

à la technique industrielle, de supporter les coûts colossaux d'une bonne réception de cette technique que les pays développés avaient mis plus de deux siècles à réaliser, au lieu d'adapter les systèmes technologiques modernes aux conditions des pays du tiers monde.

Dans ces pays, beaucoup d'économistes, en particulier ceux de tendance marxiste, virent dans les embryons de théorie sur la technologie appropriée surtout un « complot » des pays industrialisés pour vendre au tiers monde des techniques obsolètes, de second choix, dépassées par l'évolution générale des connaissances. Ces mêmes économistes avaient un autre cheval de bataille, celui des pratiques monopolistiques des grandes firmes transnationales en matière de ventes de technologies industrielles, pratiques qui empêcheraient les pays du tiers monde d'accéder à l'industrialisation véritable. Comme nous l'avons vu au chapitre 2, beaucoup d'économistes dits radicaux des pays développés, ainsi que certains organes de la bureaucratie économique des Nations unies, partageaient ces vues, reprises par nombres d'études officielles. La controverse sur les technologies appropriées apparaissait donc d'autant plus inopportune, comme une manœuvre de diversion de l'ennemi[3]. La dénonciation de ces pratiques monopolistiques fut en revanche mise à l'agenda de la nécessaire réforme de l'ordre économique international, que le Mouvement des pays non alignés réussit à faire adopter par les Nations unies en 1974, de concert avec la dénonciation de la manipulation du prix des matières premières par ces mêmes firmes transnationales.

3. On signalera cependant une remarquable étude du Département économique et social des Nations unies résultant d'une enquête de terrain sur les technologies appropriées dans le domaine des travaux publics ; au dire de l'enquête, ce sont les bureaucraties nationales des pays du tiers monde qui trouvaient compliquée la gestion de chantiers par des moyens semi-traditionnels et préféraient les moyens modernes des grandes firmes transnationales ; voir *Appropriate Technologies in Civil Engineering Works in Developing Countries : an exploratory appraisal of the state of the art*, Document E-76. II.A.2, Nations unies, New York, 1977.

Les causes de l'impotence technologique des pays du tiers monde

Pour des raisons diamétralement opposées, on eut ainsi une conjonction d'oppositions à la poursuite du débat sur les technologies appropriées, qui aurait pourtant immanquablement ouvert tous les dossiers féconds travaillés jusqu'ici exclusivement par les historiens, mais dont les problématiques intéressent au plus haut point la réflexion sur le sous-développement : problématique des causalités du développement et de la circulation des techniques, de leur maîtrise par des milieux différents, leurs liens avec les différentes composantes des systèmes sociaux, éducatifs, financiers, etc. Cette conjonction d'oppositions prouve dans quelle confusion intellectuelle se trouvaient les protagonistes de ce débat. Certes, nous venons de le rappeler, les dirigeants de firmes transnationales ne voyaient pas l'intérêt d'investissements peut-être coûteux en R & D en vue d'adapter les principaux procédés industriels mis en œuvre dans les pays déjà industrialisés à des milieux géographiques, climatiques, économiques et sociaux différents. Cette attitude négative n'eut pas de mal à s'imposer, puisque la demande effective en provenance des États du tiers monde pour les technologies sous leur forme existante était forte, soutenue par tous les mécanismes de crédit nationaux et internationaux que nous avons déjà décrits. L'incitation à reproduire ces techniques dans le cadre de systèmes technologiques plus adaptés était donc inexistante.

En revanche, les grands groupes industriels internationaux adapteront volontiers les produits et biens directement consommables aux conditions locales des pays du Sud, tâche relativement facile, permettant en tout état de cause d'améliorer l'image de marque commerciale des groupes produisant ces biens de consommation. Ici encore, plutôt que d'adapter la technique de production, on adaptera les spécifications du produit fini, ce qui permet de renforcer la position compétitive de chacun des producteurs sur les marchés des pays non industrialisés.

Du côté du tiers monde, le credo simpliste des missionnaires du développement des années cinquante et soixante, l'abondance de crédit disponible, les prouesses techniques des firmes transnationales, aidées en cela par les nombreuses révolutions dans le domaine des transports, pouvaient faire émerger des sables, en l'espace de quelques mois, de grands ensembles industriels, des ponts, des aéroports, des autoroutes, des hôpitaux, des universités et des hôtels de luxe : tous ces facteurs étaient irrésistibles. On attaquait les firmes transnationales dans les grands discours politiques, en particulier à la tribune des Nations unies, on dénonçait leurs pratiques monopolistiques et les surcoûts qu'elles imposaient au tiers monde, mais en même temps, ces firmes ainsi que les grands bureaux d'études des pays développés étaient ceux à qui on faisait toujours appel dans la frénésie des pays pauvres à rattraper les pays riches. Avec le boom des matières premières, pétrole en tête, les firmes transnationales productrices de biens d'équipement trouvaient, dans certains pays du tiers monde, un fantastique marché. Cela leur permettait d'éviter, dans certains secteurs, le poids de la crise pour les pays industrialisés, d'accroître leurs parts de marché à l'échelle internationale ; ici encore, elles ne subirent aucune pression ou incitation pour revoir leurs méthodes de gestion des procédés industriels, de lutter contre toutes les formes de rigidité que leur taille même avait développées.

On a donc eu ainsi, aussi bien du côté des pays déjà développés que du côté des pays « en développement », une conjonction de facteurs politiques, économiques et idéologiques, qui ont poussé beaucoup de pays du tiers monde à une paresse technologique presque totale. Au mieux, les bons esprits rêvaient de l'alliance de la technologie occidentale avec les capitaux pétroliers des pays exportateurs, nouveaux riches de l'ordre international, pour enfin déclencher le processus du développement, permettre le décollage industriel partout où il était resté en panne. L'exemple pourtant limpide des politiques de « remontée » des filières technologiques du Japon depuis la fin du siècle dernier, sur lequel nous reviendrons, ou celui de la Corée du Sud présent sous les yeux, n'effleuraient même pas les esprits. L'exemple chinois, un moment à la mode politiquement, fit long feu lorsque les méfaits politiques du maoïsme furent dénoncés, d'autant que les ingénieurs s'abstinrent de tout débat technique sur les nouveaux systèmes technologiques mis en œuvre en Chine pour stimuler l'industrialisation rurale et sortir de la formule des grands combinats à la soviétique. Les pays du tiers monde les plus actifs industriellement s'enfonçaient dans des choix technologiques irréversibles et coûteux, en particulier dans la sidérurgie lourde des produits plats au moment même où la révolution électronique prenait de l'ampleur et où l'explosion démographique entraînait une très forte demande de produits métalliques ronds. L'ensemble des choix technologiques n'était guère réfléchi, en l'absence de techniques appropriées pour l'étude, la planification et l'adaptation de systèmes industriels aux contextes spécifiques de chaque pays. Dans la plupart des pays du tiers monde, les plans de développement n'étaient que des additions de grands projets industriels ou d'infrastructures, dont la genèse, la conception et les études détaillées étaient, en règle générale, le fait des grands bureaux d'études des pays développés ou des pays du bloc communiste[4].

La généralisation des blocages des processus de développement au Nord et au Sud

Dans les années quatre-vingt, avec la crise de la dette du tiers monde, la reprise économique dans les pays industrialisés, les mauvaises performances de beaucoup de pays du tiers monde ayant pratiqué l'économie centralisée, on cessera définitivement de parler de technologie appropriée ; la controverse sur les pratiques des firmes industrielles internationales disparut elle aussi de l'agenda des économistes du développement et des organes spécialisés des Nations unies. Mais les vraies questions sur les obstacles au développement économique restent posées, même si leurs formulations et leurs problématiques sont encore insuffisamment ou mal explicitées. Il est vrai que pour les pays « en développement » dont les niveaux de vie piétinent ou reculent, c'est plutôt la perplexité qui domine, ou le recours facile au stéréotype ethnique, mettant en cause les mœurs, la religion, la corruption. Pour les pays industrialisés, ce sont les inquiétudes sur l'environnement qui sont devenues des thèmes remarquablement mobilisateurs sur le plan politique. Certes, la problématique économique soulevée par les défenseurs de l'environnement reste encore assez peu explicitée, mais il est intéressant de noter avec quelle férocité elle est dénoncée par les optimis-

4. Voir, à ce sujet, notre ouvrage *Politique économique et planification au Liban. 1956 – 1964*, Imprimerie universelle, Beyrouth, 1964.

tes béats du progrès technique, convaincus de l'absence de limitation aux capacités innovatrices des systèmes industriels actuels. Pour ces derniers, l'écologie est assimilée à un dangereux néo-malthusianisme, voire à la résurrection d'un certain obscurantisme[5]. Mais ces impasses intellectuelles dans l'analyse des blocages du développement du tiers monde, ces inquiétudes sur la dégradation de l'environnement provoquée par les systèmes technologiques modernes ont-elles une autre cause, au Nord comme au Sud, que la pesanteur et les rigidités des modes de gestion des systèmes technologiques, que nous avons qualifiés de « féodaux » ? Les catastrophes économiques, financières, sociales et les ravages sur l'environnement que connaissent de larges zones du tiers monde et de l'ex-bloc communiste, ne sont-elles pas, dans une large mesure, le résultat des rigidités dans la production, la gestion et la circulation des techniques à l'échelle internationale, dont nous avons tenté d'esquisser une problématique en dehors de tout préjugé théorique et idéologique ?

Certes, les modes ultra-centralisés et lourds de gestion des systèmes industriels des pays du bloc communiste ou les modes étatiques totalement passifs de certains pays du tiers monde ont considérablement aggravé la situation de ces zones et ont largement prouvé leur inefficacité face à la dynamique du développement de type capitaliste. Pourtant, cette dynamique capitaliste elle-même se féodalise, se rigidifie et, avec elle, celle des systèmes technologiques continuant de produire des innovations remarquables, mais toujours mises au service du développement du même système organisationnel du progrès technique. Nous aurons l'occasion d'en reparler en fin de cet essai. L'important, à ce stade, est plus de réaliser l'unité des problèmes qui affectent l'économie moderne, de rétablir une vision non fragmentée des différents

5. Voir note 7, p. 84. On se souviendra par ailleurs des controverses suscitées dans les années soixante-dix par les travaux du Club de Rome qui dénonçaient le gaspillage de ressources naturelles non renouvelables par les modes de croissance industrielle. Plus récemment, un groupe de chercheurs scientifiques et d'essayistes très médiatisés a présenté à l'ouverture de la Conférence internationale des Nations unies sur l'environnement tenue à Rio en juin 1992 un document mettant en garde, sur le ton le plus polémique, contre les préoccupations jugées « excessives » sur l'environnement qui seraient susceptibles de briser les mécanismes de la croissance économique et du progrès technique, en particulier dans le tiers monde. Ce document est venu en fait appuyer la position gouvernementale américaine très réservée sur la tenue de cette conférence.

dysfonctionnements qui affectent une économie largement mondialisée[6].

La méconnaissance des problématiques de la révolution industrielle dans les visions économiques

La science économique d'aujourd'hui est malheureusement bien en peine d'éclaircir ces problématiques. Les économistes ne sont pas seulement limités dans leurs analyses, comme nous l'avons déjà souvent fait remarquer, par leur méconnaissance des techniques industrielles ; le plus souvent aussi, nous l'avons vu, ils sont ignorants des données de l'histoire économique, des riches problématiques qu'elles posent et qui aideraient peut-être à mieux se retrouver dans les confusions intellectuelles de cette fin de siècle. En France, en particulier, l'histoire économique est devenue le domaine du seul historien. Certes, chez les économistes anglo-saxons, nous trouvons quelques travaux historiques remarquables, qui ont tenté de comprendre comment ont circulé et se sont transformées les techniques entre le Vieux et le Nouveau Continent, en particulier pourquoi les États-Unis vierges et primitifs ont réussi l'exploit, dès la fin du XIXe siècle, en quelques décennies, de concurrencer et de dépasser, sur le plan de la maîtrise des techniques, l'Angleterre toute-puissante industriellement[7]. On pourra trouver aussi, chez quelques sociologues latino-

---

6. Il faut peut-être nuancer le propos sur la mondialisation économique pour ce qui concerne les deux grands géants démographiques du tiers monde, l'Inde et la Chine, qui ont d'ailleurs largement préservé l'originalité de leurs politiques de développement et de gestion des systèmes technologiques.

7. Voir référence note 11, p. 62. On pourra consulter également, entre autres, A.E. MUSSON, *Science, Technology and Economic Growth in the Eighteen Century*, Methuen and Cy Ltd., Londres, 1970. En langue française, en dehors de l'ouvrage classique de P. MANTOUX, *La Révolution industrielle au XVIIIe siècle*, Éditions Génin, Paris, 1973 (ouvrage écrit en anglais en 1928 par l'auteur qui est français), on ne dispose guère d'analyses économiques fines de la montée et de la circulation des progrès techniques ; les remarquables travaux de Fernand Braudel sur le développement du capitalisme dans son cadre méditerranéen et mondial concernent plus le capitalisme préindustriel. On doit cependant à B. GILLES d'exceptionnels travaux sur l'histoire des systèmes techniques, dans la lignée de l'ouvrage classique de L. MUMFORD, *Technics and Civilization*, A Harbinger Book, New York, 1934 ; ces travaux avec d'autres contributions ont été rassemblés dans *Histoire des techniques*, Encyclopédie de la Pléiade, Paris, 1978.

américains, de pénétrants essais de compréhension de la stagnation technique de l'Amérique latine[8].

Mais ces travaux érudits ne sont pas vraiment intégrés aux problématiques qui animent les économistes d'aujourd'hui. Pourtant, ceux-ci, et en particulier les missionnaires du développement soucieux de l'industrialisation du tiers monde et qui tentent d'aider les ex-pays communistes à secouer le poids des erreurs passées, auraient beaucoup à apprendre dans les controverses d'historiens sur la nature de la révolution industrielle, de ses processus et cheminements, de la diversité et de la complexité de ses causes, des problèmes de blocages de systèmes technologiques. Dans ce domaine, la vulgate marxiste et son alliée libérale du type rostowien ont trop souvent tenu lieu de culture générale à l'économiste professionnel, mais aussi à l'ingénieur-décideur. Les historiens eux-mêmes sont d'ailleurs en peine pour privilégier tel ou tel facteur dans l'émergence de la révolution industrielle, dégager la cause de l'effet ; au mieux savons-nous que c'est une constellation de facteurs étalée sur la longue durée qui a permis de briser définitivement la stagnation technique du système féodal. Encore faudrait-il que l'économiste connaisse la richesse de ces problématiques pour déployer sa propre réflexion face aux problèmes de terrain, en particulier dans le tiers monde[9].

Confusion intellectuelle et visions idéologiques du développement

Les grands anthropologues-politologues qu'ont été, par certains aspects, Marx et Weber, mais surtout leurs adeptes

8. On verra, en particulier, F.-H. Cardoso et E. Faletto, *Dépendance et développement en Amérique latine*, PUF, Paris, 1978 et C. Furtado, *Le Mythe du développement économique*, Anthropos, Paris, 1976.

9. Signalons un ouvrage de grande qualité, travail de deux économistes qui s'attaquent enfin à ces problèmes : P. Dockès et B. Rosier, *L'Histoire ambiguë, croissance et développement en question*, PUF, Paris, 1988. On n'oubliera pas non plus l'ouvrage célèbre de P. Bairoch, *Révolution industrielle et sous-développement* (Mouton, Paris, 1974), mais qui semble exclure toute possibilité d'industrialisation du tiers monde dans les circonstances historiques de l'évolution de l'industrie mondiale au XXe siècle ; l'analyse de l'auteur – qui ignore totalement le cas historique du Japon sauf en matière agricole – n'entre pas véritablement dans le détail des possibilités de remontée de filières technologiques, telles que les « dragons » asiatiques l'ont pratiquée avec succès.

transformés en idéologues politiques, ont contribué à rendre confus le débat proprement économique par certaines des thèses avancées, telle la célèbre controverse sur le protestantisme et l'esprit capitaliste, qui nous amène dans des raisonnements circulaires sur l'antériorité de la poule ou de l'œuf. Le marxisme achèvera de rendre confus tous les problèmes de développement du tiers monde et de lutte autour de la répartition des richesses, en arguant des mécanismes d'exploitation à l'échelle mondiale, du pillage colonial, qui seuls auraient permis l'émergence victorieuse de la révolution industrielle et de son armée de bourgeois hypocrites et dévots. Vision proprement idéologique, car les germes de la révolution industrielle sont largement antérieurs à la colonisation du monde par l'Europe, en particulier les percées dans la technique de navigation des Portugais et des Espagnols, ou celles dans le domaine agricole des Anglais ou des Hollandais. La colonisation n'aurait d'ailleurs pu intervenir si l'engrenage cumulatif des innovations techniques n'avait, dès le départ, donné la supériorité aux Européens sur les autres civilisations, techniquement stagnantes, et donc incapables de résister à cette montée implacable de ce que nous avons coutume de nommer modernité.

L'économiste ou l'ingénieur de cette fin de siècle, libéral ou marxiste, ignore le plus souvent le rôle capital joué par les artisans individuels dans la révolution industrielle, par certains gentilshommes et hobereaux anglais dans l'amélioration des techniques agricoles, par des chercheurs scientifiques isolés, ignore aussi le rôle des innombrables associations issues des sociétés civiles dans la promotion des techniques et des sciences, les innombrables interventions de l'État et de la puissance publique pour orienter, canaliser, institutionnaliser les nouveaux modes de création de la richesse, de sa circulation et de sa distribution, sans se substituer en règle générale aux dynamismes individuels [10]. Les images du développement inscrites dans les perceptions sont celles de recettes simples,

10. La France est une exception notable avec le colbertisme ou système de manufactures d'État. Du fait du rayonnement politique et culturel de la France, ce système a été consciemment ou inconsciemment suivi par beaucoup de pays du tiers monde, à commencer par Mohammed Ali en Égypte au début du XIXe siècle. Ce modèle, ainsi que le rôle décisif des ingénieurs d'État qu'il implique, a été prolongé au Proche-Orient par l'action des saint-simoniens (sur le colbertisme toujours vivant en France, on lira avec profit J.-B. de FOUCAULD, *La Fin du social-colbertisme*, Belfond, Paris, 1988).

d'investissements lourds, de schémas institutionnels où la grande firme et les économies d'échelle apparaissent comme les clés de l'industrialisation. Lorsque l'analyse économique bute ou trébuche pour expliquer l'énormité des échecs économiques du tiers monde pourtant gavé, entre 1960 et 1980, de capitaux et de techniques des pays développés, on fait appel aux arguments anthropologiques simples, à la religion « fataliste », au climat, à la persistance du despotisme, ou bien on se conforte dans la supériorité ou la spécificité du génie occidental, qui font des Européens et des Américains du Nord, qui en sont issus, une race à part.

L'exemple ignoré des processus d'industrialisation du Japon

Pourtant, à travers l'histoire récente du Japon, qui étonne tant aujourd'hui et où on cherche activement à percer les secrets d'une telle puissance économique, que de leçons auraient pu tirer les économistes et les missionnaires du développement du tiers monde ainsi que les ingénieurs ! C'est ainsi que le Japon de la fin du XIXe siècle échappa de peu à la colonisation, mais fut contraint, comme toutes les régions du monde, à s'ouvrir à la modernité européenne. La pression fut d'ailleurs ici surtout américaine. Face au défi, et comme partout ailleurs – nous y reviendrons plus loin –, le pays fut ébranlé par des troubles politiques graves entre partisans et adversaires de l'ouverture économique ; les structures sociopolitiques traditionnelles du pays vacillaient[11]. Lorsque, enfin, l'empereur put reprendre l'initiative et les rênes du pouvoir, les politiques modernisatrices mises en œuvre furent bien différentes de tout ce que prêchaient et prêchent encore aujourd'hui les missionnaires du développement.

L'accent fut mis fortement sur l'alphabétisation des campagnes et la hausse de productivité du monde rural. La grande féodalité militaire, avec ses traditions de compétition dans l'excellence et l'honneur, fut mobilisée pour exercer ses talents dans la compétition économique, pour se lancer dans l'industrie afin de relever le défi de la modernité européenne. Les artisans furent encouragés eux aussi à changer progressivement leur mode traditionnel de production pour entrer

11. Voir P. Akamatsu, *Meiji – 1868, Révolution et contre-révolution au Japon*, Calmann-Lévy, Paris, 1968.

dans le schéma de base de la division du travail industriel ; au lieu de fournir un produit fini, ils apprirent à fabriquer les pièces, les matériaux, les produits semi-finis que leur commandaient des trusts industriels nouveaux, dont l'établissement était encouragé par l'État et la direction confiée à d'anciens féodaux. Artisans, ouvriers, ingénieurs furent tous mobilisés dans un énorme effort pour pénétrer et maîtriser la gestion des techniques et des processus industriels. La machine ou le bien d'équipement importé de l'étranger étaient immédiatement démontés, étudiés pièce par pièce, et chaque trust mettait un point d'honneur à parvenir à fabriquer le même bien en un temps record[12]. Les Japonais se sont peut-être ainsi fait une réputation de pilleurs et d'espions industriels, là où, en réalité, ils ont collectivement pratiqué la seule méthode efficace en la matière, le *learning by doing*, l'auto-apprentissage par la pratique du terrain industriel.

Longtemps, leurs produits furent considérés comme des répliques de mauvaise qualité des produits européens ou nord-américains. Jusqu'au jour où, la maturité industrielle arrivant – beaucoup plus vite que prévu, lorsque l'on sait prendre le temps d'un démarrage correctement pensé –, ils devinrent à leur tour innovateurs, choisissant les créneaux les plus porteurs de l'industrie moderne, l'optique et l'électronique.

Bref, les Japonais, pourtant si éloignés de l'Europe, ont su appréhender les leçons de l'histoire de la révolution industrielle en Europe, suivre une séquence de développement logique, mobiliser les structures et solidarités traditionnelles de la société dans l'effort collectif du développement. Jusqu'à aujourd'hui, le secret des succès économiques japonais nous paraît résider dans cet investissement conscient des structures et des solidarités sociales traditionnelles dans la compétition économique sans pitié qui caractérise l'économie mondiale depuis le XIXe siècle. En dépit de la dérive dans le fascisme et l'impérialisme militaire du début du siècle jusqu'à la défaite de 1945, le Japon a su éviter les ruptures socio-politiques dramatiques répétées qu'ont pu connaître des pays comme la Russie, ainsi que de nombreux pays du tiers monde, dont il

---

12. On pourra se reporter ici à G.C. ALLEN, *A Short Economic History of Modern Japan*, George Allen and Unwin Ltd., Londres, 1972 ; ainsi qu'à Thomas C. SMITH, *The Agrarians Origins of Modern Japan*, Stanford University Press, California, 1959.

n'est pas sûr qu'elles soient véritablement nécessaires au développement, qui ne peut être qu'un processus long.

Ici apparaît en lumière crue toute la vanité des politiques de développement et de plans quinquennaux censés faire miraculeusement basculer toute une société, en l'espace de quelques années, de la pauvreté et de la stagnation technique dans la richesse et l'opulence ; mais aussi la vanité des politiques de coopération qui seraient définies en dehors de toute vision un peu claire des processus de développement.

Il nous faut d'ailleurs ici nous interroger sur les raisons pour lesquelles le « modèle » japonais de développement a occupé si peu de place dans la littérature économique, jusqu'au succès qu'il a affirmé de façon éclatante à la fin des années soixante-dix et qui a été confirmé par celui de ses émules d'Extrême-Orient, en particulier Taïwan et la Corée du Sud. Certes, le Japon a d'abord été périphérique par rapport à une modernité monopolisée par l'Europe, puis par les États-Unis. Le modèle eut ensuite mauvaise presse. Les marchandises japonaises furent longtemps dénigrées et les recettes japonaises du développement, en conséquence, déconsidérées. En fait, ce qui triomphait, dans les années cinquante/soixante-dix, en milieu libéral comme en milieu marxiste, c'étaient les visions grandioses, prométhéennes, du processus de développement, qu'il s'agisse de la croyance en la nécessité de ruptures politiques radicales avec les structures socio-économiques et les solidarités traditionnelles, ou de la nécessité de transferts massifs de capitaux et de technologies prêts à fonctionner des pays riches vers les pays pauvres. Il fallait « tirer » les pays, les « arracher » à leur situation de misère et de pauvreté. Avec la guerre froide, une énorme angoisse régnait dans le camp des démocraties : ces pays de miséreux ne risquaient-ils pas de tomber dans les griffes de l'ours soviétique, victimes des mirages et des promesses de l'idéologie communiste ? Qui donc, dans un tel contexte, aurait pu penser à la lente subtilité du modèle japonais, voire aux efforts exceptionnels des Coréens et Taïwanais, si pauvres et si miséreux, pour décortiquer le complexe fonctionnement des systèmes technologiques modernes, choisir les filières et les procédés techniques à développer en priorité, pour pouvoir progressivement remonter du plus fruste au plus sophistiqué, contrairement à la pratique de la plupart des autres pays du tiers monde ?

Firmes transnationales et illusions industrialistes dans le tiers monde

En même temps, ce contexte, comme les visions qu'il engendrait et les politiques économiques qui en découlaient, faisait l'affaire des grands pouvoirs industriels en Occident. Les firmes transnationales pouvaient vendre dans le tiers monde, puis, au début des années soixante-dix, grâce à la détente entre l'URSS et les États-Unis, aux pays du bloc soviétique, de plus en plus d'ensembles industriels, le plus souvent surfacturés. Ces ensembles étaient entièrement fabriqués dans les pays développés, y créant de la valeur ajoutée, des emplois, des capacités de recherche technique additionnelle pour développer d'autres domaines d'innovation. Même lorsqu'il devenait évident, du côté du pays récepteur, que les résultats de l'implantation de ces unités n'étaient guère visibles sur le plan du développement général du pays, aucune réaction d'envergure ne se manifestait, en dehors des revendications acrimonieuses de certains dirigeants de pays du tiers monde à l'encontre des firmes multinationales. Mal justifiées, inspirées de problématiques de l'industrialisation intellectuellement confuses, ces revendications n'avaient aucune chance d'entamer la lourdeur et la rigidité des procédés industriels de ces firmes et de leurs procédures de vente à l'étranger. Alors que les États dénonçant les pratiques dites restrictives des firmes multinationales multipliaient les commandes de grands ensembles industriels à ces mêmes firmes à la faveur de la prospérité pétrolière ou du boom des matières premières, les procédures en vigueur dans le commerce international, appuyées par les interventions et les garanties des grandes bureaucraties nationales des pays développés, ne pouvaient que préserver ces rigidités et ces lourdeurs techniques. Les procédures de contrat de livraison des ensembles industriels ou des grands ouvrages d'infrastructures dites « clé en main » ou même « produit en main » furent même promues et soutenues avec enthousiasme par certains des ténors des revendications à l'encontre des firmes multinationales[13]. En réalité, ces formules, que l'on croyait bénéfiques au tiers monde, ne faisaient que l'enfoncer encore plus dans l'impotence technologique et la paresse industrielle, d'autant plus que, partout dans le tiers monde, les systèmes éducatifs ainsi que les politiques dans le domaine de la recherche restaient totalement inadaptés aux besoins industriels[14]. Là où il fallait faire comme les Japonais du siècle dernier et du début du siècle, quitte à consommer des produits peu élaborés et à mettre ses mains dans le cambouis, on s'adressa aux Nations unies avec une liste de revendications pour un ordre économique plus juste.

Le résultat de ces évolutions a été de renforcer la rigidité des structures techniques utilisées dans tous les secteurs économiques, la genèse et la mise en exploitation des inventions. La concentration du pouvoir économique et financier à l'échelle mondiale a réduit de plus en plus les espaces où l'innovation et l'adaptation créative pouvaient se manifester en dehors des lourdes structures existantes, et entrer en compétition avec les techniques coûteuses actuellement mises en œuvre. La filière de l'électronique et de l'informatique, avec les techniques de miniaturisation, ont donné au moins un nouvel espace au détriment des géants de l'industrie mondiale, lesquels s'efforcent d'ailleurs d'absorber les nouveaux entrants sur le marché. Il y a là un potentiel, dont nous reparlerons, pour briser ces rigidités techniques sources de rentes improductives, qui mettent en péril le souffle fondateur du libéralisme et de la modernité.

---

13. La littérature sur le domaine des « transferts de technologie » a été très vaste dans les années soixante-dix ; citons ici Jean TOUSCOZ, *Transferts de technologie, sociétés transnationales et nouvel ordre économique international*, PUF, Paris, 1978 ; ainsi que M. SALEM et M.-A. SANSON, *Les Contrats « clé en main » et les contrats « produit en main ». Technologie et vente de développement*, université de Dijon, Institut de relations internationales, vol. 5, Librairies techniques, Paris, 1979. On lira aussi avec profit *North/South Technology Transfer. The Adjustment Ahead*, (Analytical Studies), OCDE, Paris, 1982. Pour le monde arabe, on pourra se reporter à A. ZAHLAN (éd.), *Technology Transfer and Change in the Arab World*, actes d'un séminaire tenu par la Commission économique des Nations unies pour l'Asie de l'Ouest à Beyrouth du 9 au 14 octobre 1977, Pergamon Press, Oxford, 1978.

14. Voir, pour le monde arabe, A.B. ZAHLAN, *Science and Science Policy in the Arab World*, Croom Helm, Londres, 1980 ; et *Acquiring Technological Capacity, A Study of the Arab Consulting and Contracting Firms*, Macmillan Academic and Professional, Londres, 1990.

En attendant ces changements, les rigidités sont là, qui rendent très difficiles tout changement du cadre de vie, tout amenuisement des nuisances et des gaspillages croissants des grandes structures techniques et institutionnelles de la modernité industrielle, dans les pays du Nord comme du Sud. Banquiers et financiers, ingénieurs et hommes politiques ont ici des responsabilités dont il nous faut maintenant éclaircir les enjeux.

6

Le banquier et le contribuable

Comment les banquiers, après avoir organisé les finances de l'État moderne, se font contrôler par l'État

Les banquiers ont été des personnages clés de la révolution industrielle. Ils ont d'abord obligé les princes à mettre de l'ordre dans leurs finances, tout en finançant l'extension de la puissance politique à travers les prêts qu'ils leur accordaient. Dans les principaux pays européens, ils exigèrent la régulation de l'émission monétaire par la mise en place d'instituts d'émission, et la séparation des activités d'émission de monnaie et de crédit ; ce sont eux aussi qui firent pression pour rationaliser, organiser, moderniser les fonctions fiscales de l'État, afin de les adapter aux besoins de l'économie d'innovation. En bref, les banquiers et financiers ont été parmi les premiers agents de la modernité étatique. Mais les banquiers ont été aussi des preneurs de risque capitaliste. D'abord, cela va de soi, dans les financements commerciaux, et ensuite, au fur et à mesure du déploiement de la révolution industrielle, dans le financement du développement industriel. Ils mirent ainsi au point les différentes techniques de mobilisation de l'épargne auprès de tous ceux qui, grâce à leurs nouveaux statuts économiques, pouvaient dégager un excédent de revenus par rapport aux dépenses. Les besoins d'investissement grandissant, le banquier ne pouvait plus en effet être, par sa seule fortune, le financier direct de l'État ou des industries en pleine expansion. Il devenait donc un intermédiaire vital entre offreurs et demandeurs de capitaux, indispensable à la poursuite de la révolution industrielle et au développement des fonctions et des besoins de l'État moderne. Il lui fallait alors séparer sa caisse personnelle de celle des épargnants qui venaient déposer leurs fonds auprès de lui, d'autant que sa capacité d'intervention devenait de plus en plus liée à l'importance des sommes qu'il recueillait.

C'est pourquoi l'institution bancaire connut, au XIXe siècle et durant la première moitié du XXe siècle, des secousses graves, qui poussèrent les grands États libéraux à intervenir de plus en plus massivement dans la gestion du secteur financier. Le banquier, partie prenante essentielle au grand tumulte de la révolution industrielle, était le mieux informé pour détecter les occasions de profits rapides ou importants que celle-ci offrait à tout apporteur de capitaux prêt à parier sur une innovation (une nouvelle technique de gestion, une concession minière ou de service public à obtenir dans son pays ou outre-mer). Mais il eut tendance à confondre les différentes fonctions du métier bancaire, et à ne pas respecter les règles de gestion que celles-ci exigeaient : il consentit ainsi des prêts à risques plus ou moins importants, en mobilisant les ressources de déposants qui n'avaient pas nécessairement été prévenus de cet emploi à risque, immobilisateur de leurs fonds.

La banque commerciale pratiquant le change et le crédit ou l'escompte de traites à court terme appuyés sur des mouvements de marchandises, et donc relativement sans risques, fut donc, dans la plupart des pays, institutionnellement séparée de la banque dite d'affaires. Ce type de banque, finançant le démarrage d'activités nouvelles, impliquait en effet des risques beaucoup plus importants et exigeait des immobilisations de fonds à long terme. Dans ces financements à risque, le banquier ne pouvait employer que ses fonds propres ou des fonds de clients appliqués spécifiquement à telle ou telle opération en toute connaissance de cause ; dans ce dernier cas, le rôle du banquier était d'apporter aux clients prêts à prendre des risques, les éléments d'appréciation suffisants pour leur permettre d'investir à bon escient. Dans ces opérations, plus le financement apparaît risqué, plus le niveau de rémunération de l'épargnant qui accepte ce risque doit être élevé, de même que celui du banquier d'affaires qui perçoit sa rémunération sous forme de commission de placement prélevée sur le montant des fonds collectés et supportée par l'entrepreneur bénéficiaire du placement.

C'est ainsi qu'au XIXe siècle le banquier d'affaires est devenu un élément clé de l'affectation des ressources d'épargne disponibles, engendrées par l'augmentation générale du niveau des richesses dans un pays. Sa capacité à détecter les opportunités d'investissements nouveaux, à convaincre et à mobiliser les épargnants dans des opérations industrielles à forte capacité novatrice, devint alors une fonction indispensable de la poursuite du processus de développement et du succès économique d'un pays. Les échecs subis par certains financiers amenèrent donc les gouvernements à encadrer de plus en plus les secteurs bancaires, et à réglementer les différents types de transactions financières. Les rôles historiques étaient ainsi renversés ; après que les banquiers eurent contribué fortement à rationaliser les comportements financiers de l'État, ce fut au tour des États d'intervenir pour édicter des règles de gestion bancaire et financière.

Ce sera d'abord, comme nous venons de le dire, la séparation de la banque commerciale de la banque d'affaires ; mais le gouvernement ira même, aux États-Unis, jusqu'à garantir la masse des déposants ayant confié leur épargne aux banques commerciales, à concurrence d'un certain plafond. En Europe, les gouvernements encourageront la spécialisation des différents types d'activités de crédit, réglementant à chaque crise spécifique un nouveau secteur de financement initié par l'action pionnière des financiers, tel le crédit immobilier et foncier ou le crédit agricole ; ils encourageront aussi différentes formules de crédit coopératif, en particulier en agriculture, où les administrateurs de l'établissement de crédit seront des agriculteurs, bien placés pour apprécier l'utilité des travaux et équipements qu'ils finançaient. C'était là un moyen de casser la spéculation fiévreuse qui pouvait parfois s'emparer des grands banquiers en cheville avec des entrepreneurs influents, jouissant souvent d'appuis plus ou moins occultes dans la puissance publique[1]. Aux États-Unis, les réglementations financières se multiplieront, pour protéger l'épargnant qui risquait son épargne dans les émissions d'actions ou d'obligations montées par les banquiers d'affaires. Dans certains pays européens, face à la toute-puissance des banques, les gouvernements recourront finalement à la nationalisation d'établissements devenus trop puissants dans les mécanismes de création et de circulation de la monnaie et du crédit.

La bureaucratie bancaire gérante de l'épargne mondiale

Après la Seconde Guerre mondiale, la reconstruction des économies européennes achevée avec rapidité et succès, le nouvel essor industriel et les transformations agricoles furent à l'origine d'un formidable accroissement des ressources d'épargne disponible. Les banquiers redevenaient des personnages clés des processus de développement, d'autant plus importants que le processus de mondialisation de l'économie prenait aussi un nouvel essor[2]. Progressivement, les règles de saine gestion bancaire et financière étaient abandonnées, d'autant plus facilement que les États, désormais trop impliqués dans le contrôle du crédit et la protection des épargnants, ne pouvaient se payer le luxe de laisser se recréer les conditions économiques et financières ayant amené aux grands krachs bancaires et boursiers et à la crise des années trente. C'est ainsi que les filets de protection installés par les États pour la sauvegarde des épargnants amenaient les banquiers à prendre d'autant plus de risques.

En réalité, aucune des leçons que l'on aurait pu tirer de l'histoire de la banque et des banquiers depuis l'éclosion de la

1. Voir, par exemple, l'intéressante étude de J.-P. ALLINE, *Banquiers et bâtisseurs, un siècle de Crédit foncier 1852-1940*, Éditions du CNRS, Paris, 1983. Sur le Crédit agricole mutuel, on lira A. GUESLIN, *Histoire des crédits agricoles. L'envol des caisses mutuelles*, Economica, Paris, 1984.

2. On lira avec profit les deux volumes consacrés par la *Revue d'économie financière* à l'ensemble de ces problèmes sous le titre « Le financement de l'économie mondiale » : n° 4, automne 1990, « L'expérience historique » ; et n° 5, hiver 1990, « *Les perspectives* », ainsi que le numéro 5-6, plus ancien, de juin-septembre 1988, sous le titre « A propos de la crise financière. Les relations entre finance et économie ».

révolution industrielle ne fut mise à profit[3]. La confusion des rôles dans le fonctionnement des mécanismes économiques de base du libéralisme n'a vraisemblablement jamais été plus grande que depuis l'après-guerre. La décision d'attribution de crédit, sous le coup du gigantisme bancaire et, de plus, de l'imbrication, officielle ou officieuse, des États dans la gestion des systèmes bancaires et financiers, est devenue un mécanisme bureaucratique complexe dans lequel toute responsabilité économique s'est diluée. C'est ainsi que toute grande banque a mis en place des hiérarchies complexes, avec au sommet des comités de crédit. Les études préalables à de grandes décisions de crédit, impliquant des montants importants et des immobilisations longues, ont été confiées aux bureaux d'études internes aux établissements de crédit, ou à des sociétés de consulting externes.

Du fait de la complexité technique des industries modernes, seul l'ingénieur spécialisé peut étudier la rentabilité d'un projet, et fournir à l'économiste les éléments du coût de l'investissement, de ses coûts de fonctionnement futurs, des durées raisonnables d'amortissement. Nous l'avons déjà évoqué, l'ingénieur devient dès lors le roi de la décision économique ; l'économiste tombe dans sa totale dépendance. Les ingénieurs sont toujours industrialistes, ils savent que c'est leur savoir qui alimente l'expansion de la machine économique, que cette machine exige des flux de crédits croissants pour qu'elle continue de tourner, pour que les innovations et l'expansion industrielle se poursuivent. Afin de ne pas trop effaroucher les investisseurs, leurs études ont souvent tendance à minimiser les coûts, les durées de mise en place, et donc le temps d'amortissement véritablement nécessaire. Cela d'autant plus qu'il est important pour le banquier finançant l'opération que la durée du crédit ne soit pas trop longue, afin de ne pas dépasser les durées pour lesquelles les épargnants sont prêts à se dessaisir de leurs fonds, ou pour respecter les différents coefficients de liquidité que lui imposent les autorités monétaires.

C'est pourquoi, en particulier en période d'euphorie éco-

3. Voir les pages éclairantes de J. K. GALBRAITH, *Brève Histoire de l'euphorie financière*, Le Seuil, Paris, 1992, qui fait un exposé historique de la spéculation financière et de ses mécanismes récurrents. On pourra se reporter aussi à A. BRENDER, *Un choc des nations*, Hatier, Paris, 1987, qui emploie la belle expression de « plomberie financière » dans le titre de l'un des chapitres de l'ouvrage.

nomique et d'abondance d'épargne, les dossiers de crédit seront travaillés de telle sorte que les décisions des comités de crédit soient favorables. La décision sera d'autant plus vite emportée que les autorités supérieures d'un établissement de crédit y sont au départ acquises pour des raisons diverses : relations personnelles excellentes avec les demandeurs de crédit qui sont des firmes puissantes et influentes, pressions amicales de certains membres de la haute fonction publique, entretenant eux aussi de telles relations. D'autres considérations peuvent jouer, telle la possibilité d'emporter des affaires bancaires sans risques dans d'autres secteurs d'activités du demandeur de crédit, en particulier les financements commerciaux classiques.

Dans ces domaines, les mécanismes de prise de décision méritent d'être connus. Rares en effet sont les hauts dirigeants des banques qui lisent les volumineuses descriptions chiffrées des investissements à financer. Leurs collaborateurs préparent des fiches résumées, insistant sur la qualité des ingénieurs et des économistes – ou le prestige du bureau d'études externe – qui ont rédigé parfois jusqu'à plusieurs volumes de texte et de tableaux statistiques incompréhensibles. Au fond, le banquier sait que l'examen de la rentabilité n'est plus qu'un exercice de style lorsqu'il s'agit de très grands investissements, impliquant des intérêts économiques majeurs jouissant de l'appui de la puissance publique. L'exercice est de style aussi, lorsque certains types d'investissements, en particulier dans l'immobilier, le tourisme ou l'audiovisuel, sont à la mode, ont le vent en poupe.

Le panurgisme et l'impératif de rester dans la compétition vont dès lors jouer de concert pour déclencher de dangereuses boulimies de crédit : il suffira, en effet, qu'une banque prestigieuse ait réalisé des financements innovateurs ou innovants dans un secteur pour que toutes les autres suivent. Dans tous ces cas, même lorsqu'un chargé d'étude, un chef de service ou un directeur auront marqué des réserves sur les risques de crédit encourus, sur la qualité insuffisante de l'étude de rentabilité, le dossier de crédit franchira allégrement tous les obstacles et sera approuvé sans difficulté ; au besoin, une nouvelle étude de rentabilité sera demandée qui, cette fois, minimisera les risques encourus dans l'investissement.

Les coûts pour le contribuable des erreurs de la bureaucratie bancaire

Les montants partis ainsi en fumée dans des décisions de crédit, uniquement prises par des mécanismes bureaucratiques, sont colossaux, non seulement dans l'industrie, mais surtout dans l'immobilier, lieu de toutes les spéculations et de toutes les tricheries. Qu'il s'agisse de banques carrément mises en faillite, comme pour les caisses d'épargne américaines (Savings and Loan Associations), ou restructurées avec des fonds publics comme dans le cas de très grandes banques – toujours américaines (Continental Illinois) – ou des énormes provisions que constituent les banques européennes sur les clients dont la solvabilité est devenue douteuse : ce sont les contribuables, les épargnants et les actionnaires qui supportent les coûts finaux de ces erreurs économiques majeures qui se chiffrent aujourd'hui par milliards de francs ou de dollars [4]. Des erreurs qui auraient pu être évitées si les banquiers avaient pu effectivement exercer un jugement économique impartial. Il aurait évidemment fallu pour cela que le réseau bureaucratique complexe, au centre duquel se trouvent l'ingénieur et l'économiste spécialisé dans tel ou tel secteur d'activité économique, fonctionne de façon différente. Il eût été souhaitable que le banquier continue d'exercer de façon bien distincte les fonctions d'origine qu'il avait : celles relatives à la gestion du risque économique, c'est-à-dire au filtrage des propositions d'investissements nouveaux, liées aux mécanismes de la croissance économique moderne, d'un côté ; celles concernant les financements commerciaux relatifs à la circulation des stocks de biens existants, relativement sans risques, de l'autre.

La croissance des établissements bancaires eux-mêmes, la déréglementation mise en œuvre au cours des années quatre-vingt, le tissage de liens étroits avec les grands groupes industriels et les États ont amené à un renforcement des formes modernes de féodalisme économique et donc des rigidités, des rentes improductives et des gaspillages. Nulle

4. Il suffit de songer à certaines faillites immobilières récentes, telles que celle du conglomérat anglo-canadien Olympic and York, dont les dettes bancaires s'élevaient à plus de 13 milliards de dollars en 1992 (soit plus que le montant de la dette extérieure du Maroc en 1982), ou à l'effondrement de l'empire Maxwell, ou à celui de la Bank of Credit and Commerce.

part cela n'est plus évident que dans la fonction de banquier des États, que le secteur bancaire a développée considérablement depuis le XIXe siècle. Mais alors qu'aux siècles précédents, les banquiers avaient souvent aidé les États à mieux organiser leurs finances, à contrôler la circulation monétaire de façon rationnelle, en séparant notamment les fonctions d'émission monétaire de celles de financement des activités commerciales, à partir du XIXe siècle, la multiplication du nombre des États et le développement de leur puissance économique et financière vont amener le banquier à abandonner toute analyse de risque sérieuse dans ses relations avec les puissances publiques. La puissance de l'État libéral européen et ses interventions dans la vie économique augmentant considérablement tout au long du XIXe siècle, les États non européens joueront eux aussi un rôle économique majeur dans le développement, qu'il s'agisse des nouveaux États en Amérique latine ou dans les Balkans, ou de ceux déjà existants mais s'ouvrant à la modernité économique comme en Russie et en Orient.

La gabegie dans les prêts aux États

Le banquier aura alors de plus en plus tendance à considérer que le financement des États est le domaine sans risque par excellence. La puissance publique ne pouvant faire faillite, à la différence de l'industrie privée, la gabegie dans l'octroi de crédit sera, dans ce domaine, à son comble. C'est ainsi que les États contracteront partout des dettes publiques énormes dont les banquiers seront les agents. C'est eux, en effet, qui placent les titres de la dette auprès des épargnants. Ce qu'on nommait au XIXe siècle les « rentes d'État » fut ainsi considéré comme le placement le plus sûr, la sécurité de revenus stables, l'assurance d'un patrimoine mobilier à léguer facilement à ses descendants. C'était sans compter sur les inflations, les guerres, les révolutions qui ont ruiné des milliers de rentiers, petits et grands, dont les ressources ne provenaient que des revenus fixes procurés par ces titres d'État.

Le banquier, dans ces cas, n'a procédé à aucune analyse de risque, abandonnant ici encore le côté le plus noble de la fonction de financier et convainquant les épargnants d'acheter des titres d'État, sans les mettre en garde contre les risques inflationnistes qu'un excès de dépense étatique peut entraîner, excès lui-même encouragé par la facilité avec laquelle les États pouvaient mobiliser l'épargne publique. Autrefois, dans l'Europe préindustrielle, les banquiers prêtaient aux rois et aux princes sur leur fortune personnelle ; ils étaient donc forcés de calculer les risques, d'apprécier les chances qu'une guerre soit gagnée et que ses avantages économiques soient importants, qu'une levée additionnelle de prélèvements fiscaux puisse être menée à bon terme par une administration royale. Mais la hausse des niveaux de vie ainsi que le développement de l'épargne ont permis aux banquiers de n'être plus que les intermédiaires financiers entre l'épargnant et la puissance publique, ne prenant plus eux-mêmes de risques sur leur fortune personnelle ; la prise de risques résultant d'une mauvaise gestion répétée des finances étatiques, de dérèglements profonds de la conjoncture économique, de crises politiques graves entamant le crédit de l'État a été ainsi transférée par le banquier sur les épargnants dans l'économie moderne.

Mais c'est surtout dans les prêts aux États peu développés que la gabegie a été la plus forte. Au siècle passé, comme en ce siècle, les leçons de nombreuses expériences malheureuses n'ont pas vraiment été tirées. Au XIXe siècle, les prêts outre-mer ont présenté plusieurs attraits irrésistibles pour les banquiers. D'abord, les taux de rémunération étaient plus élevés. Les États nouveaux ou peu développés étaient, en effet, ignorants des techniques financières modernes ; en outre, leur base fiscale étroite rendait d'évidence le prêt risqué, justifiant ainsi la forte rémunération. Enfin, les banquiers étaient poussés par les grandes industries, auxquelles leurs intérêts étaient étroitement liés, à prêter à ces États à qui elles arrachaient des concessions minières ou des situations de monopole dans les transports et les communications, ou à qui elles vendaient gros équipements et travaux d'infrastructures[5]. Les banquiers des pays développés pouvaient ainsi en toute bonne conscience obtenir des taux de rémunération beaucoup plus élevés que ceux qui s'établissaient dans leurs propres pays, et attirer de la sorte les épargnants. Au siècle dernier, les petits épargnants européens

5. Nous avons analysé ce phénomène dans notre contribution à l'ouvrage *Dette et développement*, *op. cit.*, qui comprend une bibliographie détaillée.

furent incités de la sorte à placer des sommes énormes dans des emprunts publics des États latino-américains, l'Empire ottoman, l'Égypte khédiviale, la Russie. On faisait alors miroiter les capacités de ces pays « exotiques » à se développer grâce à l'apport des techniques et des capitaux européens et à leurs richesses en matières premières. La compétition, les rivalités d'influence économique entre grandes puissances européennes entraînaient les banquiers à faire miroiter aux épargnants les avantages supérieurs de tel ou tel pays sur tous les autres pays d'outre-mer.

Dans la seconde moitié du XIXe siècle, au fur et à mesure que les États emprunteurs n'étaient plus en mesure de rembourser, le contrôle européen sur l'économie et les finances de ces États se renforçait. De nouveaux fonds, à des conditions encore plus désavantageuses pour les emprunteurs, n'étaient mis à disposition que contre de nouvelles concessions et un contrôle économique renforcé. Puis ce furent les occupations militaires, sous prétexte de dettes non remboursées et de mauvaise gestion financière, comme dans le cas de l'Égypte ou de la Tunisie. En Russie, le gouvernement bolchevique, en 1917, suspendit tout paiement sur sa dette extérieure contractée avec les banquiers européens et la dénonça. A l'occasion de la grande crise des années trente et de l'effondrement du prix des matières premières, les pays d'Amérique latine à leur tour suspendirent le paiement de leurs dettes extérieures.

Dans ces frénésies de crédit à des pays peu ou mal engagés dans le processus de développement, rares étaient les banquiers qui pratiquaient de véritables analyses de risque. Les ingénieurs étaient muets ; les différences d'environnement, les insuffisances d'une main-d'œuvre locale, certes bon marché, mais n'ayant aucune tradition d'insertion dans des milieux industriels et urbains, bref, tout ce qui peut amener des différences considérables de productivité n'était pas pris en considération. De leur côté, les économistes ne voyaient pas non plus le problème, mettaient en valeur l'accroissement attendu de ressources des pays concernés par l'exploitation des matières premières industrielles ou agricoles. La demande de ces produits bruts en provenance des pays en industrialisation rapide était en pleine expansion. Ils ne concevaient pas que cette demande puisse un jour fléchir brusquement, par des renversements de conjoncture dans les pays industrialisés, ou par des progrès techniques permettant de se passer de telle ou telle matière première. Ils n'analysaient pas non plus les divers phénomènes économiques pervers qui réduisaient pour les pays emprunteurs l'utilité et la productivité des actions de développement entreprises, tels que la surfacturation des travaux exécutés ou des équipements livrés par les grandes firmes industrielles, l'absence de fiscalité rationnelle dans les États emprunteurs, les gaspillages de ces États et de leurs dirigeants et riches propriétaires fonciers, souvent encouragés par les entrepreneurs des pays industrialisés, les rémunérations insuffisantes que ces États percevaient à l'occasion des concessions accordées aux grandes firmes européennes. Une machine de crédit était en marche, dans le cadre d'un capitalisme déjà triomphant, rien ne pouvait l'arrêter[6].

De nouveau les exigences de la croisade contre la pauvreté et le rôle clé de l'ingénieur

Il fallut la victoire du bolchevisme, puis la grande crise de 1929 pour que ces mécanismes infernaux de crédit s'arrêtent un court moment seulement. Car dès le début des années soixante, ils reprenaient leur cours implacablement. Ils furent alors encouragés par les mécanismes publics dits de coopération internationale, en vertu desquels les grands États industrialisés octroyaient des garanties étatiques aux exportateurs et aux banquiers finançant les exportations vers le tiers monde ou vers les pays du bloc communiste. Ces garanties octroyées par des établissements publics, tels que la COFACE en France ou l'ECGD en Angleterre, couvraient l'exportateur et les banquiers contre les risques commerciaux ou politiques de non-paiement des exportations vers les zones géographiques ou contre les risques de non-remboursement des crédits accordés à l'occasion de ces exportations. De la sorte, la responsabilité de l'analyse du risque de non-paiement était transférée sur l'établissement public garant du crédit et non plus sur le banquier de l'opération d'exportation ; la pratique de ces établissements garants aura été de fixer des plafonds de risques par pays, en fonction de leur

6. On trouvera un bon exposé des mécanismes des crédits bancaires internationaux aux États du tiers monde et de la crise déclenchée en 1982 dans B. KETTEL et G.-A. MAGNUS, *The International Debt Game. A Study in International Bank Lending*, Graham & Trotman, Londres, 1986.

situation financière générale, mais non point d'analyser la rentabilité des opérations elles-mêmes. En réalité, cependant, même la détermination des plafonds reposera plus sur le climat politique des relations bilatérales entre les deux États concernés que sur des analyses fines de la solvabilité globale du pays emprunteur ou garant de l'entreprise publique qui s'endette.

Ces mécanismes de crédit aveugles furent par la suite amplifiés par l'extension formidable des activités de la Banque internationale pour la reconstruction et le développement dans le tiers monde. En effet, une fois que cette dernière, fondée à l'issue de la Seconde Guerre mondiale dans le sillage des Nations unies, aura accompli sa mission de financement de la reconstruction des économies européennes détruites par la guerre, c'est vers le tiers monde qu'elle se tournera. Sous la présidence de M. McNamara, qui avait d'abord été, sous l'administration Kennedy, le grand théoricien de l'équilibre de la terreur atomique, elle connut un développement tout à fait remarquable de ses activités en faveur du tiers monde. Soucieux de mener la lutte contre le communisme par d'autres moyens que le seul équilibre de la terreur, McNamara entreprendra, à partir de sa présidence de la Banque mondiale, une croisade, au demeurant exemplaire, contre la pauvreté. En effet, la Banque financera écoles, hôpitaux, autoroutes, ports, barrages, grandes implantations industrielles. Ce faisant, elle contribuait au succès des idéologies du « tout-État » dans le tiers monde, puisqu'elle ne prêtait qu'aux États ou à des entreprises publiques, les encourageant à créer et à développer les entreprises du secteur public.

Dans cet esprit positif de croisade où les ingénieurs étaient à nouveau maîtres du terrain technique, l'économiste supposait la stabilité des taux d'intérêt, égaux ou inférieurs au taux d'inflation mondiale, de même celle des taux de change des devises nationales des pays emprunteurs vis-à-vis du dollar et des grandes monnaies convertibles, taux fondamentaux pour la détermination des coûts des équipements massivement importés des pays industrialisés et donc d'un coût stable en monnaie locale pour le remboursement des emprunts. Il supposait aussi que, grâce à ces rythmes rapides d'équipement des pays pauvres en grandes infrastructures modernes, le niveau général de productivité augmenterait très vite, et qu'en conséquence les États emprunteurs et leurs grandes entreprises publiques seraient en mesure de générer suffisamment de ressources en devises pour rembourser les emprunts.

A partir du début des années soixante-dix, les grandes banques privées se joignaient au mouvement, poussées, comme nous l'avons vu, par l'abondance d'épargne, l'euphorie du boom des matières premières qui semblait confirmer les diagnostics optimistes des économistes sur la capacité des États à rembourser un stock de dettes toujours croissant. En fait, comme au XIXe siècle, l'économiste et l'ingénieur du XXe siècle passèrent à côté des problèmes majeurs de financement du développement. Ni les surcoûts, ni les conditions de développement de la productivité, ni surtout les risques du « tout-État » étouffant les initiatives individuelles, encourageant les phénomènes de corruption, ne furent vraiment pris en considération dans les études de rentabilité et de risque des projets financés. Le « risque souverain » dans le jargon bancaire, c'est-à-dire la prise de risque par l'attribution d'un prêt à un État souverain ou à une entreprise publique garantie par un État souverain, était minimisé. On confondait ainsi un peu facilement le risque pris, d'ailleurs déjà relativement important, comme nous l'avons vu, lorsque les épargnants prêtent à l'État dont ils sont ressortissants et dans la monnaie nationale dont cet État contrôle l'émission, avec le risque pris à l'occasion d'un prêt à un État étranger dans une monnaie qui n'est pas la sienne et qu'il ne contrôle donc pas, aussi bien du point de vue de l'émission que du point de vue des taux de change.

Le prix des matières premières s'effondrant à la fin des années soixante-dix, les banques commencèrent à réaliser que cette expansion indéfinie de crédit, si profitable qu'elle ait été, devenait dangereuse ; les robinets commençaient à se fermer. Lorsque les taux d'intérêt se mirent à flamber en 1980 sous l'influence monétariste et suite à la décision de la banque centrale américaine de porter à 20 % le taux d'intérêt sur les balances en dollars, les pays du tiers monde furent vite étranglés, dans l'incapacité de rembourser ou d'obtenir de nouveaux crédits pour rembourser les anciens. Ce fut la crise pour le tiers monde, encore loin d'être achevée aujourd'hui. Mais ce fut aussi la crise pour les pays riches ; les techniques de gestion du crédit changeaient partout brutalement.

Les taux de change flottants et l'émergence du monétarisme

Déjà, au début des années soixante-dix, les États-Unis, en imposant au monde des taux de change flottants et en écartant toute référence à l'or dans la détermination de la valeur des monnaies entre elles, avaient introduit un élément d'incertitude considérable dans le calcul et la prévision économique. Comment déterminer, en effet, la valeur d'une marchandise destinée à être livrée d'un pays à un autre dans un an ou deux ans, si, entre-temps, les taux de change entre les deux pays ont fondamentalement varié ? Comment aussi connaître le poids exact en monnaie nationale d'une dette contractée dans une autre monnaie ? A ces incertitudes majeures, viendra s'en ajouter une autre, lorsque le monétarisme triomphant fera du taux d'intérêt l'arme suprême de toute intervention de l'État, entraînant les variations les plus brutales du prix de l'argent, mais aussi des niveaux de taux largement supérieurs à ceux de l'inflation. Alors qu'au cours des décennies écoulées, les taux d'intérêt réels avaient été plutôt négatifs compte tenu de l'accélération de l'inflation à partir des années soixante-dix, les défenseurs des vertus du libéralisme arguaient qu'il fallait donner aux épargnants des taux d'intérêt réels positifs. De plus, au yeux des monétaristes, seuls des taux d'intérêt très élevés, en décourageant le crédit, pouvaient amener à dégonfler la masse des moyens de paiement en circulation, et donc à faire baisser les taux d'inflation.

C'est ainsi que la mode s'inversa, et à des taux d'intérêt trop bas furent substitués des taux très élevés tout au long de la décennie quatre-vingt. Les banquiers d'État, en particulier les gouverneurs de banque centrale, substituèrent au laxisme précédent une vigilance trop belle pour être économiquement efficace. On fixa des objectifs ultra-précis à la croissance des différentes composantes de la masse monétaire et l'on se mit à les suivre mois par mois, voire semaine par semaine. Du temps du célèbre M. Volker, tout-puissant patron de la banque centrale américaine, le monde entier restait dans l'attente angoissée, tous les vendredis après-midi, de la parution de l'évolution d'une semaine à l'autre de l'agrégat monétaire M3 aux États-Unis. Un millième de déviation par rapport aux objectifs fixés apparaissait comme une dangereuse manifestation d'inflation. Le vertueux et pieux M. Volker faisait alors immédiatement monter le taux d'escompte de sa banque centrale, faisant chuter les Bourses et varier les taux de change entre les grandes monnaies. Jamais, durant cette période où ce banquier fit trembler le monde, M3 n'eut le bon goût de se comporter sagement. Et pour cause : d'abord l'État américain continuait de ne pas équilibrer ses finances et encore moins les comptes extérieurs du pays, de plus en plus déficitaire vis-à-vis du reste du monde, en particulier le Japon et l'Europe. Il devait évidemment s'endetter à des taux d'intérêt de plus en plus élevés, ce qui achevait de déséquilibrer son budget et en conséquence alimentait l'inflation de plus belle. M. Volker n'eut jamais assez d'imagination pour penser que seule une démission fracassante pourrait contribuer à rétablir un peu de sagesse économique et de santé mentale dans une mode monétariste aussi aveuglante et aveuglée.

En attendant, c'était la fête de tous les détenteurs d'avoirs liquides, honnêtes épargnants ou contrebandiers, trafiquants de drogue, boursiers chanceux, hauts responsables politiques pris dans l'engrenage de l'économie politique de la corruption. Ils recevaient 14 % à 20 % de taux d'intérêt suivant les pays et suivant les époques, entre 1980 et 1985, sur leurs comptes de dépôts ou placements dans des fonds de marché monétaire, alors que l'inflation baissait rapidement et repassait au-dessous de 10 % dès 1982. Les taux d'intérêt évoluèrent ensuite à des niveaux fluctuants entre 8 % et 12 %, où ils se trouvent encore aujourd'hui, pour des taux d'inflation compris entre 3 % et 5 %. On inaugurait ainsi la prime à l'argent inactif, non investi dans la production, sans même réaliser qu'à ces niveaux de taux d'intérêt les masses monétaires pouvaient doubler en cinq ou sept ans, pourvu que l'épargnant garde son argent en dépôt monétaire inactif. Les systèmes bancaires étaient partout mis à rude épreuve, en particulier aux États-Unis où le renflouement des banques est supporté par le Trésor, ce qui aggrave un déficit persistant du budget de l'État.

Le big bang financier, les OPA et les rentes improductives

La machine ne repartit qu'à coup de déréglementations financières massives, annulant les garde-fous et contrôles anciens remontant au XIXe siècle et à la crise de 1929. La révolution électronique revint donner du tonus aux grandes féodalités technico-industrielles essoufflées ; elle permit en outre de réaliser, par les communications électroniques, le contact instantané entre toutes les places financières : le *big bang*, comme on l'appela, fit du monde un grand casino boursier. Les techniques financières ainsi stimulées s'affirmaient ; le développement des opérations à terme permettait de tout vendre et acheter par anticipation[7]. Enfin, toute la richesse des années folles de l'après-guerre, celle qui s'était bâtie sur les rentes improductives permises par les boulimies de crédit, sur le développement par le « tout-État », trouvait de nouveaux débouchés pour faire travailler ses comptes en banque. Dans ce nouveau boom, cependant, les ressources financières n'étaient plus mises à disposition du système industriel, et ne cherchaient plus, par l'intermédiaire du banquier, l'innovation à financer. Pourquoi d'ailleurs les nouveaux riches de la planète prendraient-ils de tels risques, alors que le simple placement en dépôt assure un revenu supérieur à l'inflation et que la spéculation boursière et sur les changes donne les espérances de gains les plus folles ?

Seules les grandes firmes industrielles, bien établies par leur renom, pourront emprunter sans restrictions pour lancer leurs OPA géantes. Durant les années quatre-vingt, les grands combats industriels, mobilisant des dizaines de milliards de dollars empruntés, seront ceux des sociétés transnationales tentant d'élargir leurs parts de marché ou de diversifier leurs activités pour maintenir des positions dominantes dans les grandes filières économiques, aussi bien par le rachat de concurrents plus petits que de rivaux de taille identique, voire supérieure. Toutes ces opérations sont aussi la source de profits boursiers considérables, les OPA étant déclenchées par des offres de rachat des actions à des cours supérieurs à ceux de la cotation boursière. Les banquiers, dans ce mouve-

7. Le montant des opérations à terme et options est passé de 1 100 milliards de dollars en 1986 à 6 900 milliards en 1991 ; le montant journalier des transactions de change se situe aujourd'hui à 900 milliards de dollars alors que le commerce mondial ne représente que 3 300 milliards de dollars ; le montant des crédits internationaux est passé de 4 % du total du PIB des pays de l'OCDE en 1980 à 44 % en 1991 ; enfin le montant annuel des transactions boursières internationales est passé de 120 milliards de dollars en 1980 à 1 400 milliards en 1990 (on se reportera pour plus de détails au remarquable dossier de la revue *The Economist* du 19-25 septembre 1992, intitulé « Fear of Finance : A Survey of the World Economy »).

ment, suivent presque aveuglément les grandes féodalités industrielles dont ils ne peuvent qu'être les serviteurs dévoués. Certes, ces combats de géants arrivent parfois à des résultats positifs, à des rationalisations et à des organisations plus efficientes ; mais le problème est ailleurs, dans toutes les capacités innovatrices qui ne trouvent pas d'encouragement ou de financement pour se matérialiser dans de nouveaux domaines, tant le terrain est entièrement occupé par les grandes féodalités industrielles.

Certains gouvernements l'ont d'ailleurs bien compris, en particulier en Europe, puisqu'ils offrent de plus en plus d'avantages fiscaux aux petites et moyennes entreprises qui voudraient développer des capacités de recherche et d'innovation. Les grandes firmes industrielles n'ont en effet plus de capacité de création d'emplois : au contraire, depuis que la conjoncture économique est devenue difficile, que leurs frais financiers sont devenus très lourds, elles doivent réduire partout les effectifs, automatiser les chaînes de travail, abandonner les activités peu performantes. C'est donc vers les petites et moyennes entreprises que les États ont commencé à se tourner vers la fin des années soixante-dix. Aux États-Unis, leurs efforts de recherche sont, en règle générale, financés par des fonds dits de capital risque, collectés auprès d'individus prêts à risquer tout ou partie de leur épargne dans l'espoir de la fortune. En Europe, et bien plus encore dans le tiers monde, les détenteurs de ressources financières manquent singulièrement de cet esprit pionnier persistant dans certains segments de la société américaine, qui permit notamment l'essor de l'informatique moderne ; dans les pays européens, ce sont donc les États qui interviennent à nouveau, en dépit de la vague de libéralisme conservateur qui déferle alors. Mais les résultats ne sont guère significatifs, notamment parce qu'il faut aussi compter avec les coûts d'entrée sur le marché de nouveaux produits. Ceux-ci ont été en effet accrus par les furieuses campagnes publicitaires que mènent les grandes firmes industrielles, à des coûts exorbitants qu'elles seules peuvent supporter. Par l'ampleur de leurs moyens, ainsi que par leurs liens privilégiés avec la presse et le monde de l'audiovisuel, ces firmes peuvent aussi mener des campagnes de désinformation économique qui retardent ou condamnent l'émergence de nouvelles techniques ou de nouveaux produits.

Dans ces batailles du progrès technique, et à la différence du XIXe siècle, le banquier est aujourd'hui un roi nu. Les princes de l'industrie, les ingénieurs et le haut personnel dirigeant des États lui dictent sa conduite. En tout cas, pour ce qui est du tiers monde et de ses dettes impayées, il est pratiquement sorti des circuits décisionnels, désormais presque entièrement gérés, comme nous le verrons plus loin, par des fonctionnaires nationaux ou internationaux. La banque, cet instrument privilégié du libéralisme et de l'épanouissement de la révolution industrielle, a perdu toute vocation économique. La gestion monétaire par les banques centrales n'est plus elle-même qu'une mécanique aveugle de hausse et de baisse des taux d'intérêt, au gré de l'évolution de la masse monétaire, entraînant des fluctuations massives des taux de change contre lesquelles elles sont démunies du fait de l'énormité des capitaux oisifs à l'échelle internationale à la recherche de profits rapides. Les pertes économiques engendrées par des systèmes bancaires qui ne peuvent plus exercer leurs fonctions régulatrices à partir de l'outil financier sont supportées par les contribuables dans tous les États, sans que nulle part les systèmes fiscaux n'aient véritablement été adaptés à ces évolutions pour tenter d'en atténuer les effets les plus pervers. Bien au contraire, comme nous allons le voir, leur inadaptation aggrave les perversions économiques auxquelles nous assistons.

7

L'impossible réforme des systèmes fiscaux et financiers

Le secret bancaire ou la consécration des rentes improductives

La genèse du libéralisme et de la rationalité économique moderne est à rechercher dans le refus des contribuables de subir les prélèvements des princes et des rois sans connaître et contrôler l'usage des fonds ainsi prélevés. Comme nous l'avons déjà évoqué, la notion moderne de budget de l'État s'est développée sous la pression des banquiers et des contribuables à l'encontre de la puissance publique, pour qu'elle organise de façon régulière, rationnelle et prévisible ses ponctions et prélèvements sur les ressources dégagées par l'activité des membres de la collectivité[1]. Nous sommes aujourd'hui bien loin de ces temps héroïques, car les contribuables sont partout ponctionnés de façon anarchique, non seulement par des systèmes fiscaux touffus et de plus en plus arbitraires, mais par le coût des différentes perversions de l'économie moderne, dont la collectivité fait toujours les frais en dernier ressort.

L'aspect le plus frappant des systèmes fiscaux modernes

1. Voir la remarquable et classique étude de G. ARDANT, *Histoire de l'impôt*, 2 volumes, Fayard, Paris, 1971 ; ainsi que son *Histoire financière de l'Antiquité à nos jours*, Gallimard, Paris, 1976.

réside d'ailleurs dans leur inadaptation aux évolutions économiques récentes. Aussi bien la fiscalité directe, brutale et massive, mais qui n'est nullement en mesure de saisir les innombrables sources de revenus occultes, que la fiscalité indirecte, qui frappe indistinctement toutes les catégories sociales, sont des anomalies criantes qui appellent correction. A cela s'ajoute, pour les pays européens, une parafiscalité complexe et envahissante. Certes, pour ce qui est de l'impôt sur le revenu, le libéralisme conservateur des dernières années s'est efforcé de baisser les taux d'imposition absurdement élevés de l'impôt sur les revenus individuels et ceux des sociétés. Mais cette recette simple, comme toutes celles de cette école, ne peut à elle seule régler les énormes problèmes que pose aujourd'hui l'imposition des revenus. Il est en effet opportun de baisser les taux d'imposition sur les tranches élevées des revenus, taux qui avait atteint, dans la plupart des pays riches ou pauvres, des niveaux dissuasifs de tout accroissement d'effort productif. Mais cette mesure, à son tour, peut avoir des effets pervers, si le problème de base qui consiste à saisir l'ensemble des revenus d'une collectivité n'est pas réglé ; dans ce cas, la baisse d'une catégorie d'impôt se traduit immanquablement par un accroissement du déficit des finances publiques.

Nous avons déjà évoqué au chapitre 2 la formidable multiplication des revenus informels de toutes origines au cours des dernières années. Ces revenus sont aujourd'hui déposés dans les places financières pratiquant le secret bancaire absolu[2]. Ils sont hors d'atteinte de toute fiscalité. Mais il ne s'agit pas seulement des revenus des dirigeants du tiers monde ou des ex-pays socialistes ainsi que des trafiquants de drogue ; sont aussi concernés ceux des contribuables des pays riches eux-mêmes, fuyant les taux de taxation directe abusifs de leurs propres pays. Si le secret bancaire s'est d'ailleurs aussi bien développé, c'est d'abord pour mettre à l'abri de l'inquisition fiscale des revenus, souvent honnêtement gagnés, mais qui auraient été autrement laminés par l'impôt. Il en a souvent été de même pour les revenus et capitaux du tiers

2. Sur les inconvénients du secret bancaire suisse, on se souviendra de l'ouvrage célèbre par sa véhémence de T.R. FEHRENBACH, *The Gnomes of Zurich*, Leslie Frewin, Londres, 1966. On doit aussi mentionner les attaques, sous l'angle de la morale, du député socialiste suisse Jean ZIEGLER (voir notamment *Une Suisse au-dessus de tout soupçon*, Le Seuil, Paris, 1976, et *La Suisse lave plus blanc*, Le Seuil, Paris, 1990).

monde, fuyant la mise en place du « tout-État » qui s'est faite avec une importation mimétique des systèmes fiscaux des pays développés, en sus des contrôles de change empêchant toute circulation des capitaux. En fait, c'est l'association du système de contrôle des changes avec une progressivité trop élevée de l'impôt sur le revenu qui est à l'origine du développement de revenus occultes et de leurs transferts à l'étranger. Si le diagnostic est donc relativement facile, les remèdes ne peuvent que s'inscrire dans un remodelage des systèmes fiscaux et financiers permettant de retrouver le véritable esprit d'une fiscalité libérale dans le cadre d'une libre circulation des capitaux à l'échelle internationale. A son tour, cela suppose, comme nous le verrons au chapitre suivant, des formes différentes de coopération internationale.

Il est clair, en effet, qu'il convient de s'orienter vers une baisse de la taxation directe telle qu'elle s'exerce par des prélèvements trop lourds sur les revenus directement issus d'activités productives. Qu'il s'agisse du tiers monde ou du monde développé, ce ne sont plus ces revenus qu'il faut taxer, mais les niveaux de dépenses absurdement élevés qu'ils peuvent engendrer, en particulier chez tous ceux qui jouissent de revenus de capitaux occultes. La forte progressivité des taux d'imposition est issue du souci d'égalitarisme qui a frappé les démocraties occidentales depuis la fin de la Première Guerre mondiale, sous le coup de la peur de l'extension du bolchevisme après le succès de la Révolution russe de 1917 ; on a pu constater partout les effets pervers de cette orientation idéologique. En revanche, et afin de contrebalancer les effets de ces allégements, les revenus issus de rentes improductives doivent être, eux, fortement taxés, par des mesures de nature diverse que nous explorerons plus loin, destinées à supprimer les sources de telles rentes. L'imposition de ces rentes suppose cependant, dans la plupart des cas, un assouplissement des règles du secret bancaire. Ce dernier n'aurait d'ailleurs plus de raison d'être dans un système fiscal dont les aspects inquisitoires et vexatoires auraient disparu, où la transparence des phénomènes économiques aurait été établie et les sources de rentes improductives supprimées ; il pourrait ainsi redevenir ce qu'il a été à l'origine, c'est-à-dire une obligation de réserve professionnelle nécessaire à la libre concurrence des agents économiques et qui porte tout autant sur les comptes débiteurs que sur les comptes créditeurs.

La suppression des inconséquences juridiques de l'État libéral

C'est d'abord l'aspect pénal du contentieux fiscal qui doit disparaître, tout en renforçant les condamnations civiles et le poids des amendes. Les peines d'emprisonnement qui peuvent être prononcées à l'encontre d'un fraudeur au Code général des douanes ou des impôts doivent être levées ; elles relèvent d'un autre âge, d'autant que les sources de gaspillage économique et de perte de richesses pour la collectivité sont innombrables, sans pour autant que les responsables de ces gaspillages soient sanctionnés. Il suffit ici de penser à toutes les pertes que supportent les contribuables du fait des mauvaises gestions de risque par les banquiers, et des surcoûts que les ingénieurs peuvent imposer, en toute impunité, à la collectivité.

Il conviendrait ensuite de légaliser la circulation des capitaux à l'échelle internationale, mais en permettant aux autorités fiscales nationales de se renseigner sur le montant des mouvements qui peuvent affecter les comptes à l'étranger de ses nationaux qui ne seraient pas résidents définitifs et effectifs d'un État étranger. Dans ce domaine, les critères de résidence fiscale doivent être affinés et précisés, afin de mettre fin aux résidences fictives à l'étranger ; les nationalités de complaisance, comme peuvent les attribuer certains paradis fiscaux, ne devraient pas empêcher de s'appliquer la fiscalité de l'État d'où sont en fait tirés les revenus principaux des contribuables fraudeurs. Il faut aussi démanteler le système des sociétés écrans qui permet à certaines catégories de contribuables d'échapper à toute fiscalité.

En fait, il convient de supprimer toutes les astuces juridiques développées par le capitalisme moderne pour que ses plus heureux bénéficiaires échappent aux rigueurs d'un égalitarisme de circonstance aujourd'hui dépassé par l'effondrement du communisme. Ces astuces ont en effet été développées et largement tolérées dans les grands États démocratiques qui ont voulu faire de la redistribution active de revenus et augmenter par là les revenus et la sécurité de l'emploi des « classes laborieuses », considérées comme les « classes dangereuses » dans la lutte entre le capitalisme et le communisme. Mais en même temps que l'État libéral voulait fortement raboter les revenus les plus élevés et donc les plus choquants, il a laissé se développer tout un arsenal d'artifices juridiques permettant aux couches les plus riches de faire s'évader la partie élevée de ces revenus. C'est cet arsenal dont profitent tous ceux qui, dans le monde des rentes improductives modernes, accumulent des fortunes qu'ils dissimulent à toute autorité. Remarquons que cet arsenal a été récemment entamé pour ce qui concerne le blanchiment de l'argent de la drogue, puisque les règles du secret bancaire ont été allégées pour que les États puissent mieux pister les circuits financiers de la drogue ; une banque internationale au moins a été punie aux États-Unis, d'autres ont été montrées du doigt. Mais la communauté bancaire résiste encore à l'élargissement des contrôles que peuvent exercer les États à la recherche des divers profits mal acquis, en particulier en matière de corruption étatique.

Pourtant, dans un monde de libéralisme rétabli dans son esprit d'origine, où la richesse acquise dans l'activité productrice ne serait plus pourchassée par des systèmes fiscaux prédateurs sous prétexte d'un égalitarisme illusoire, cette pyramide savante d'artifices juridico-bancaires devrait avoir tendance à disparaître, car elle n'est qu'une anomalie nocive engendrée par les perversions du système capitaliste au cours du XXe siècle. La fonction de l'État redistributeur devrait alors s'exercer sur le niveau des dépenses et non plus sur celui des revenus. Il ne fait pas de doute, en effet, que taxer des revenus individuels ou sociétaires à plus de 35 % ou 40 % prend un aspect vexatoire et prédateur, entraînant une évasion fiscale massive. Les niveaux raisonnables de taxation directe sur les revenus ne devraient pas dépasser dans les tranches élevées 30 % à 40 %, de façon à inciter les contribuables à déclarer l'ensemble de leurs revenus sans tentative plus ou moins massive de dissimuler la matière fiscale elle-même. C'est ensuite à partir des niveaux de dépenses effectives et du train de vie de chaque contribuable que l'État doit appréhender la grande richesse pour effectuer des prélèvements fiscaux additionnels, corrigeant ainsi l'inégalité brutale de la taxation indirecte qui frappe indistinctement toutes les catégories de revenus. De même, on peut envisager que l'impôt sur la fortune soit généralisé, mais amendé pour ne prendre en compte que la partie inactive de la fortune, celle qui n'est pas investie directement ou indirectement dans des usages productifs ou dépensée et taxée par l'impôt sur la dépense.

L'impôt sur la dépense : solution véritable ou utopie ?

Le développement des moyens de paiement électronique ainsi que la généralisation du chèque doivent permettre d'asseoir facilement des prélèvements fiscaux sur la dépense individuelle des contribuables. Certains grands économistes libéraux, tel Nicolas Kaldor en Grande-Bretagne, ont depuis longtemps plaidé cette cause, mais cette idée continue de se heurter à de très grandes résistances, car elle va à l'encontre de nombreuses pesanteurs institutionnelles[3]. C'est ainsi que les règles du secret bancaire devraient progressivement disparaître pour n'être plus que ce qu'elles ont été à l'origine, des règles de secret professionnel destinées à assurer une compétition économique honorable entre les producteurs et les commerçants. Le banquier pourrait alors jouer le rôle d'agent de perception, prélevant sur les paiements effectués ou les retraits en espèces liquides des millièmes ou des pourcentages modiques ou des fractions de pourcentage au profit de l'État. Le taux de ces prélèvements, qui doivent rester modiques, pourrait être modulé et ajusté périodiquement en fonction du niveau moyen de dépenses transitant par l'ensemble des comptes bancaires d'un contribuable au cours des douze derniers mois. La formidable sophistication des moyens informatiques dont disposent les banques, la généralisation de la monétique permettraient techniquement la mise en application de telles formules ; elles seraient vraisemblablement plus simples que les lourds mécanismes de la TVA où tous les producteurs et les commerçants sont transformés en percepteurs d'impôt, ce qui les oblige à la tenue de comptabilités lourdes à tous les niveaux de l'appareil productif et ce qui donne lieu à des mouvements de fonds très importants d'encaissement et de remboursement entre les administrations fiscales et les catégories d'assujettis à la TVA qui sont en même temps percepteurs de TVA sur d'autres contribuables.

Ces mouvements de fonds existent aussi en matière de parafiscalité, et la réflexion devrait tout autant porter sur leur

3. A titre d'exemple, on se reportera à la très sérieuse *Revue française de finances publiques*, dans son n° 29 (1990) sur « Les utopies fiscales », qui continue de juger irréaliste l'impôt sur la dépense. On pourra aussi consulter le n° 1 (1983) de cette revue qui fait un bilan intéressant des problèmes de fiscalité sous le titre *« Où en est l'impôt ? Débats. Champs d'observation »*.

suppression. La parafiscalité fait en effet partie de ces mécaniques fiscales lourdes ayant pour objet de corriger les inégalités sociales les plus criantes, de garantir la sécurité aux couches défavorisées. Dans ce domaine encore, des rationalisations et des simplifications urgentes s'imposent. La Sécurité sociale à deux vitesses est une réalité que la généralisation de l'inégalité sociale crée dans les faits, quelles que soient les intentions des législateurs. Si l'inégalité est reconnue et acceptée, pour autant qu'elle soit due au fonctionnement normal de mécanismes économiques libéraux et non aux rentes improductives, alors on pourrait ouvrir la voie à une véritable rationalisation des systèmes de parafiscalité, permettant de substantielles économies, et par là même une meilleure couverture sociale pour les couches les plus démunies et les plus fragiles. Mais tout comme pour la fiscalité, il faut d'abord reconnaître l'inefficacité et l'irrationalité des systèmes actuels, pour pouvoir réfléchir aux réformes drastiques qui s'imposent, simuler de nouveaux modèles fiscaux ou parafiscaux.

Il est clair, en tout cas, que les systèmes fiscaux et parafiscaux s'essoufflent aux États-Unis, comme en Europe et dans le tiers monde. C'est cet essoufflement qui provoque ce qu'on nomme désormais la crise de l'État-providence[4]. Les trois cas sont certes bien différents et exigent des traitements spécifiques. Ainsi, il est clair qu'aux États-Unis sévit une sous-protection par l'État des groupes sociaux défavorisés, cependant qu'en Europe les groupes sociaux aisés reçoivent la même protection sociale que les groupes fragiles, eux-mêmes relativement beaucoup mieux protégés que ceux des États-Unis. Quant au tiers monde, les systèmes de protection sont des caricatures des systèmes des pays développés et donc sans efficacité puisqu'ils ne tiennent pas compte des spécificités des circonstances démographiques, sociologiques et économiques, en particulier l'explosion démographique, l'exode rural accéléré, le maintien des valeurs de solidarité familiales, etc. Dans les pays de l'ex-bloc communiste enfin, les systèmes de protection se sont totalement effondrés dans des contextes

---

4. On verra à ce sujet P. ROSANVALLON, *La Crise de l'État-providence*, Le Seuil, Paris, 1981 ; de même le récent ouvrage de B. THERET, *Régimes économiques de l'ordre politique*, PUF, Paris, 1982, donne des éclairages intéressants sur la « crise financière actuelle des pays industrialisés ».

où, le plus souvent, les finances de l'État sont en déséquilibre profond.

L'accroissement incontrôlable de l'endettement des États

Les problèmes sont en réalité partout plus larges, puisque la plupart des pays sont aujourd'hui affectés de problèmes financiers aigus. L'augmentation des dettes publiques des États est un phénomène qui n'affecte pas seulement les États du tiers monde ou de l'ex-bloc communiste, ainsi que les États-Unis, il frappe aussi, depuis quelques années, les autres pays développés. Ces dettes publiques sont composées de dettes internes libellées en monnaies nationales et souscrites uniquement par les résidents, mais aussi dans beaucoup de cas de dettes externes, c'est-à-dire libellées en devises et souscrites par les non-résidents. Dans les pays dont les monnaies servent de moyens de paiement internationaux, c'est-à-dire essentiellement les États-Unis, l'Allemagne et le Japon, les non-résidents souscrivent massivement aux emprunts émis par les Trésors de ces pays. On sait ainsi que les Japonais détiennent une partie importante de la dette des États-Unis. Il y a donc aujourd'hui augmentation et internationalisation des dettes publiques des États, ce qui rend leur gestion très coûteuse. En effet, aussi bien la hausse générale des taux d'intérêt dans le monde depuis le début des années quatre-vingt que les très violentes fluctuations de change depuis les années soixante-dix ont alourdi partout les charges du service de ces dettes.

Dans le tiers monde, les dévaluations successives et massives des monnaies nationales dans le cadre des ajustements structurels menés sous la direction des grands organismes multilatéraux de financement (Banque mondiale et FMI), ont conduit à une explosion des charges du service des dettes extérieures exprimées en monnaie nationale. Du fait que les taux de dévaluation sont souvent plus élevés que le taux d'amélioration des charges du service de la dette extérieure permis par les rééchelonnements, les charges budgétaires internes liées au service de cette partie de la dette continuent d'augmenter fortement. Le résultat est un déficit permanent que ne parviennent pas à réduire les économies budgétaires faites par ailleurs et qui affectent le plus souvent les secteurs clés de l'éducation, de la santé, de la statistique et de la recherche. Pour survivre financièrement, les États sont obligés de recourir à de nouveaux endettements internes et externes, tombant ainsi dans un cercle vicieux qu'aucune politique d'ajustement structurel n'a vraiment réussi à briser[5]. On assiste alors au spectacle désolant de certains ministères qui, frappés par une austérité budgétaire absolue, doivent quémander, auprès des organismes de coopération nationaux ou internationaux, un don ou un prêt modique pour pouvoir se procurer deux ou trois ordinateurs ou pour pouvoir financer une mission à l'étranger d'un fonctionnaire ayant besoin de se familiariser avec les méthodes informatiques modernes. Dans la mesure où les crédits bancaires internationaux sont asséchés pour la plupart des pays du tiers monde, les États sont donc obligés de recourir aux longues procédures de coopération ou de faire financer leurs besoins de modernisation administrative sur les grands prêts d'ajustement structurels de la Banque mondiale, seule source de crédit importante aujourd'hui pour ces États. Mais là encore, les procédures sont lourdes et compliquées et ajoutent à l'endettement général du pays.

Les ponctions anarchiques sur les contribuables

On peut d'ailleurs, à ce stade, constater combien tous les problèmes sont liés. C'est en effet aujourd'hui partout le contribuable qui finance sans s'en rendre compte le maintien des mécanismes économiques pervers. Si les banques privées ne financent plus les pays du tiers monde, sinon pour les mouvements courants du commerce extérieur et, en tout cas, comme nous l'avons vu, à l'abri de la garantie des États développés, l'augmentation spectaculaire des crédits de la Banque mondiale et des banques régionales de développement, ainsi que ceux du Fonds monétaire international, se fait sous la garantie des États membres de ces organismes. En effet, les ressources mobilisées par ces organismes provien-

5. On se reportera sur ce point à l'ouvrage de S. George, *L'Effet boomerang. Choc en retour de la dette du tiers monde*, La Découverte, Paris, 1992, qui montre tous les effets en chaîne dramatiques sur l'économie mondiale de l'endettement des pays du tiers monde et des remèdes qui sont appliqués par la communauté financière internationale.

nent soit directement des fonds publics des États membres, comme dans le cas du FMI, soit sont empruntés sur les marchés internationaux avec la garantie des États membres ; les pays développés détenant la majeure partie des souscriptions à ces organismes, ce sont donc leurs contribuables qui supportent directement ou indirectement le poids de ces financements. Ce sont eux qui ont aussi supporté la charge des moins-values fiscales dues aux larges provisions que les banques commerciales ont dû constituer sur leurs crédits aux pays du tiers monde ; et ils ont encore supporté toutes les moins-values fiscales dues au jeu des provisions sur les énormes crédits accordés aux secteurs immobiliers des pays développés ou toutes les sommes que le budget de l'État américain a dû avancer au titre de la garantie des dépôts bancaires des innombrables institutions financières ayant fait faillite.

Les contribuables du tiers monde sont eux aussi victimes du mauvais fonctionnement des systèmes de crédit. Les banques, dans les pays du tiers monde, exercent, en effet, encore moins leurs fonctions économiques d'origine : elles ont surtout prêté pour le financement d'activités commerciales courantes, ne prenant jamais un risque véritable productif, c'est-à-dire de financement d'une innovation. En effet, lorsqu'elles ont prêté à des industriels du secteur privé, cela a toujours été pour des durées limitées et avec des garanties hypothécaires très importantes. En revanche, elles ont le plus souvent prêté, sur injonction de l'État, aux grandes sociétés du secteur public, déjà fortement endettées à l'étranger. Ces sociétés, ayant fonctionné le plus souvent dans un environnement de blocage des prix, de sous-emploi des capacités et de sureffectif, croulent sous le poids des dettes internes et externes et leur cash-flow ne leur permet guère de rembourser les créanciers. Les banques se trouvent donc noyées sous des actifs non performants qui ne leur rapportent plus rien. C'est évidemment l'État qui doit venir combler les trous, soit en faisant fonctionner la planche à billets, ce qui alimente l'inflation et rogne les pouvoirs d'achat, soit en s'endettant encore plus et donc en augmentant les charges du service de la dette dont le contribuable, en définitive, doit payer la facture.

La spirale d'endettement qui frappe l'économie mondiale à tous les niveaux est bien le voyant rouge allumé depuis le début des années quatre-vingt, témoignant des dérèglements graves des mécanismes économiques. Ces dérèglements se traduisent par le fait que les machines étatiques aspirent de plus en plus l'épargne mondiale disponible, en dépit de tous les beaux discours des ultra-libéraux, et payent de plus en plus cher cet accès à l'épargne, cependant que les banques n'exercent plus leurs fonctions de prise de risque économique sous leur seule responsabilité. Dans la mesure où ce sont elles qui recueillent massivement l'épargne, les États ne peuvent accepter des faillites bancaires pures et simples qui mettraient en danger la sécurité de milliers d'épargnants. Ces derniers sont donc, suivant les pays, plus ou moins bien garantis par les États des pertes qu'ils pourraient subir du fait de la faillite de leur banque, ce qui à son tour n'encourage guère les banquiers à exercer leur fonction d'étude et de sélection du risque économique.

Faut-il continuer de garantir l'épargne au profit du banquier ?

Nous sommes donc sortis de toute logique économique libérale, puisque c'est l'État et, derrière lui, les contribuables qui garantissent l'épargne et mettent le banquier à l'abri de tout risque. Pourtant, dans le même temps, c'est le banquier qui, outre le monopole sur la gestion de l'épargne formelle et légalement constituée, capte toutes les ressources financières non taxées en provenance des divers types de rentes improductives que nous avons analysées. Nous revenons ici au problème de base du secret bancaire, de l'inadéquation des systèmes fiscaux, et des fonctions perverties du banquier dans l'économie moderne. Il faut donc des efforts exceptionnels pour que, dans le futur, les pesanteurs intellectuelles et institutionnelles qui consacrent la perversion des différents rôles et mécanismes économiques soient vaincues et que l'on puisse s'orienter vers des formes différentes d'organisation financière.

Les États, riches ou pauvres, ne peuvent en effet continuer de crouler sous le poids des dettes et supporter des taux d'intérêt réels aussi élevés. Les systèmes fiscaux doivent être impérativement ajustés pour permettre un rééquilibrage des budgets. Les bricolages fiscaux qui ont eu lieu jusqu'à présent n'ont nulle part donné des résultats à la mesure des enjeux.

Pour saisir les revenus informels et les taxer, il faudra sans aucun doute des accords internationaux pour lever le secret bancaire. Ce dernier n'apparaîtra cependant comme une aberration que le jour où les taux de fiscalité directe seront devenus raisonnables. La seule justification du secret bancaire sera alors d'abriter les revenus exclusivement illégaux, et les pays qui le pratiquent pourront faire l'objet de mesures de représailles financières, telles que le refus des virements privés à destination de ces pays.

Les secteurs bancaires, de leur côté, doivent être profondément réformés. Les garanties étatiques sur l'épargne déposée dans les banques ou sur les crédits bancaires accordés à des États ou entreprises de pays étrangers ne peuvent être maintenues dans leur forme actuelle ; elles sont contraires à toute l'intelligence de la mécanique libérale. L'épargnant qui désire être garanti par l'État devrait déposer son épargne uniquement dans une caisse étatique qui lui servirait un revenu modeste puisqu'elle est garantie et que l'épargnant ne court même pas un risque d'immobilisation provisoire de ses fonds, comme c'est le cas lorsqu'une banque est en difficulté et que l'épargnant doit attendre plusieurs mois, voire plusieurs années, le remboursement de ses fonds. Cela réduirait les besoins d'endettement des États par émission publique de titres aux taux d'intérêt élevés, et abaisserait en conséquence le coût général de l'endettement. Seul l'épargnant désirant une rémunération plus avantageuse irait prendre le risque d'un dépôt dans une banque. Le banquier reviendrait alors à sa fonction première de preneur de risque économique en toute connaissance de cause du déposant, qui ne lui fera confiance que pour son expertise économique. *Les situations de rente, à l'abri de la protection étatique, dont jouissent la plupart des banques doivent être corrigées, car ce sont elles qui coûtent cher aux finances publiques et paralysent le fonctionnement d'un système véritablement libéral.* On doit d'ailleurs envisager la suppression de la défiscalisation des provisions que les banques constituent, car cela revient à faire supporter au contribuable la majeure partie du coût des gestions bancaires inefficaces.

Il faut bien voir que la taille atteinte par les grandes banques en a fait des machines bureaucratiques énormes, inadaptées à la fonction de prise de risques économiquement créatifs. La banque de dépôt gigantesque n'a guère de signification économique, si le déposant est sous-payé et garanti par l'État. On sait d'ailleurs les efforts fiscaux de nombreux États européens pour encourager les déposants à investir plus activement à travers les systèmes bancaires et financiers, chargés de placer en Bourse l'épargne disponible au moyen de fonds communs de placement. L'épargnant peut, dans ce cas, jouir d'une détaxation très large des revenus qu'il place de la sorte. Le plus souvent, l'épargnant qui ne désire pas prendre de risques trop importants sera amené à souscrire à un fonds qui investit dans les valeurs boursières à caractère étatique, bons du Trésor à court terme, emprunts d'État à moyen ou long terme, obligations d'entreprises publiques. On aggrave ainsi les logiques antilibérales de surprotection qui élargissent les innombrables sources de moins-values fiscales. Il convient en effet de détaxer le profit des ressources financières exposées au risque économique et non point celles qui sont placées sans risque.

L'inadaptation des systèmes fiscaux et bancaires maintient l'impotence technologique de beaucoup de pays du tiers monde

La situation est évidemment différente dans beaucoup de pays du tiers monde où les structures financières et boursières restent très primitives. La situation des systèmes bancaires y est encore bien plus caricaturale que dans les pays développés, et les systèmes fiscaux totalement arbitraires dans leur conception même. En effet, les sources principales d'enrichissement légal ne sont pas taxées ou du moins très largement sous-taxées. C'est surtout le cas des plus-values foncières qui ont atteint des sommes astronomiques dans les principales villes du tiers monde, sous le double effet de l'explosion démographique et de l'exode rural. Des terrains qui n'avaient que des valeurs totalement marginales, il y a vingt ou trente ans, font aujourd'hui l'objet de transactions qui peuvent véritablement faire de leurs propriétaires des millionnaires. Compte tenu des nombreuses législations ayant bloqué les loyers dans beaucoup de pays, les ventes d'appartements neufs atteignent aussi des sommes astronomiques, du fait d'un excès permanent de demandes. Il en est de même, en général, des terrains agricoles situés en zone irriguée et près des grandes villes. Mais si les droits d'enregistrement sont en vigueur partout, l'imposition des plus-values foncières est en général faible ou sujette à des accommodements et dissimulations à l'occasion de la plupart des transactions.

Quant aux activités d'intermédiation commerciale et aux commissions généreuses qu'elles génèrent, elles sont aussi peu ou pas taxées. Il s'agit pourtant d'une autre source très importante d'enrichissement, en particulier pour les grands marchés de travaux publics passés entre les États et des sociétés étrangères qui ont pris un intermédiaire local influent ; il en est de même pour les importations qui doivent nécessairement être réalisées par des organismes d'État et pour lesquelles un intermédiaire local sera intervenu. Que l'intermédiation soit légale ou qu'elle soit interdite par la législation locale, qu'elle ait donné lieu à des rétrocessions de commissions à des fonctionnaires ou non, ces mécanismes permettent que des sommes considérables échappent à toute fiscalité, aussi bien celle de l'État du tiers monde importateur de biens ou services que celle de l'État d'origine de ces biens et services. Les sommes payées en commissions sont en effet transférées en général directement sur un compte protégé par le secret bancaire. La société qui les paye pourra les déduire de ses frais généraux, mais l'État dont l'intermédiaire financier porte la nationalité et qui aurait dû taxer ces revenus n'a aucun moyen de savoir si des commissions ont été payées et de quel montant. L'intermédiaire influent exerce en général ses activités à partir d'un établissement commercial local modeste ou d'un bureau de profession libérale, et ses déclarations fiscales ne reflètent que la modestie apparente de ses activités.

On sait de plus que, souvent, les ingénieurs dans le tiers monde, en raison de leurs connaissances techniques, sont des représentants locaux très appréciés des grandes sociétés industrielles ou de travaux publics des pays développés. Ils bénéficient ainsi de sources de revenus très importants et peu ou pas taxés ; ils n'ont donc eux-mêmes aucune incitation à se transformer en véritables entrepreneurs au bénéfice de l'économie locale, avec tous les risques d'investissement que cela comporte. En outre, s'ils le faisaient, leur activité serait beaucoup plus facilement taxable et à des taux élevés ; et même s'ils sautaient le pas, ils ne trouveraient le plus souvent aucun crédit bancaire pour établir une nouvelle entreprise, sauf s'ils sont eux-mêmes fort riches et s'ils peuvent hypothéquer une partie de leurs biens en faveur d'une institution bancaire.

Il en va évidemment de même pour le secteur foncier qui attire aussi beaucoup de talents dans le tiers monde, en raison même de la faible fiscalité qui frappe les plus-values foncières. Lorsqu'il y a pénurie de logements, comme c'est le plus souvent le cas, les activités immobilières constituent d'énormes sources de profit sous-taxées, réalisées avec des fonds empruntés sans véritable effort d'investissement des promoteurs immobiliers eux-mêmes. En général, ces investissements sont amortis en un laps de temps très court, grâce à la vente rapide ou à la location à très haut prix aux étrangers ou aux couches locales surprivilégiées, alors que les durées d'amortissement de patrimoine immobilier doivent normalement s'étendre sur des décennies. En revanche, les couches « moyennes » ou peu privilégiées ne disposent pas d'un pouvoir d'achat suffisant pour accéder au logement dans le secteur des loyers libres. Ainsi, en ce qui concerne les immeubles HLM financés sur fonds d'État, que le logement soit acquis par un prêt à long terme d'une banque d'État spécialisée, ou loué pour une somme modique, c'est la gabegie financière ; les mensualités de prêt ou les loyers sont rarement payés avec régularité et les déficits des organismes de financement viennent peser sur l'État. Souvent, l'inflation vient raboter complètement les revenus des organismes d'HLM ou des propriétaires d'immeubles anciens dont les loyers sont bloqués, rendant impossible l'entretien de très larges parties du parc immobilier.

On le voit bien, toutes les questions sont liées entre elles, à tous les niveaux, et les problèmes de structures financières et fiscales sont aussi des problèmes d'organisation foncière et immobilière. Il est clair, en tout cas, pour le tiers monde, que le faible nombre d'entrepreneurs – au sens d'innovateurs, de preneurs de risque –, est dû en grande partie à la facilité avec laquelle des revenus considérables peuvent être obtenus dans certaines activités non innovantes techniquement, tout en échappant presque entièrement à la ponction fiscale. Ainsi, tous ceux, dans le tiers monde, qui ont pu avoir accès à une éducation moderne et qui ont compris les mécanismes de base du profit dans le cadre actuel de l'économie internationale, ou tous ceux qui auront acquis de façon intuitive et autodidacte cette connaissance, préféreront le plus souvent s'investir dans le secteur de l'immobilier de luxe ou de l'intermédiation commerciale entre l'économie locale et l'économie internationale.

L'impotence ou la dépendance technologique excessive de larges zones du tiers monde, en Afrique ou au Moyen-Orient et, dans une moindre mesure en Amérique latine, résultent de cette logique économique perverse qu'il est urgent de corriger. L'outil fiscal est ici indispensable, en sus d'autres mesures visant à développer des capacités locales de maîtrise technologique sur le plan de la circulation de l'information technique et de la réforme des systèmes de gestion de la main-d'œuvre, dont nous aurons à reparler.

Une fiscalité de type économique débarrassée des logiques financières caduques

Il reste certain que dans les pays riches, comme dans ceux en développement, le problème de l'emploi est devenu d'autant plus aigu que la situation des finances étatiques se dégrade partout et que les fonctions publiques pléthoriques devront être « dégraissées ». Il faut donc impérativement que des sources d'emploi soient développées par d'autres mécanismes économiques, et singulièrement par la multiplication du nombre d'entreprises innovantes, en particulier dans le domaine des services. Si les pays riches font énormément d'efforts fiscaux pour encourager le développement des PME, encore faut-il que des secteurs nouveaux d'activités économiques s'ouvrent aux entrepreneurs potentiels. Or, cela ne se fera que lorsque les grandes rigidités économiques qui caractérisent l'ère des féodalismes techniques dont nous avons parlé pourront commencer à être assouplies.

Il faut également envisager le redéploiement de la population vers les zones rurales, pour arrêter les excroissances des grandes agglomérations urbaines, de plus en plus ingérables sur le plan social et de l'environnement, et sources de gaspillages économiques considérables. Des fiscalités nettement différentielles, y compris pour l'impôt sur le revenu, entre la ville et la campagne, sont susceptibles d'aider à ce mouvement, qui entraînera lui-même la naissance des activités de services accompagnant ces déplacements de population.

La fiscalité devrait aussi frapper beaucoup plus lourdement

dans les villes les moyens de transport individuels polluants tels que la voiture. L'ensemble des subventions indirectes que reçoit le secteur de l'industrie automobile au détriment des transports collectifs fait partie des mécanismes pervers qui, à terme, sont lourds de menace. Le lobby de cette industrie et des industries qui lui sont liées est extrêmement puissant ; alors que la voiture électrique aurait pu être généralisée depuis longtemps, si la recherche s'était massivement investie dans ce domaine, on tente simplement d'améliorer les mécanismes de combustion. Dans le tiers monde, le choix de la route contre le train au cours des trente dernières années a entraîné d'énormes surcoûts dans toute l'économie, cependant que les réseaux ferroviaires hérités du temps de la colonisation sont à l'abandon. Mais ces choix reflètent aussi la puissance de la féodalité du secteur automobile dans les rouages de l'économie internationale. Industries de pointe, l'automobile et le transport par route se sont imposés partout avec déraison, au détriment de l'industrie ferroviaire détrônée. Ici encore, les calculs de rentabilité des choix ont été partout faussés, aucun des coûts indirects du transport routier n'ayant été pris en compte (y compris celui très élevé des accidents et des dizaines de milliers de morts, de handicapés et de blessés qu'ils entraînent), rendant ainsi le transport collectif par rail financièrement moins avantageux dans tous les savants calculs des décideurs. Le transport individuel par véhicule polluant, sonore et encombrant devrait donc être lourdement taxé dans les zones urbaines, pour permettre une reprise des transports collectifs et leur amélioration.

Nous parlons ici d'évolutions qui seront difficiles à mettre en route tant qu'une prise de conscience plus forte des mécanismes économiques pervers dans lesquels nous vivons ne se sera pas généralisée.

Il faudrait, pour cela, que la science économique sorte des ornières d'un ultra-libéralisme qui risque à la longue de faire perdre à la civilisation moderne tous les fruits des conquêtes remarquables du siècle des Lumières et de la révolution industrielle.

8

Pour une réhabilitation de l'économie politique

Le faux dilemme sur les interventions de l'État

Tout au long de notre interrogation sur les échecs de la modernité économique, nous nous sommes heurtés au problème du rôle de l'État dans le processus du développement. Nous avons vu, dès le premier chapitre, comment les mêmes traditions libérales avaient donné lieu à des visions contradictoires du rôle de l'État pour assurer l'épanouissement de l'homme. Un ouvrage récent nous rappelle comment chez les classiques, bien avant l'apparition du marxisme, des clivages profonds, de nature philosophique, avaient divisé les utilitaristes et les partisans du droit naturel sur l'étendue du domaine des interventions de l'État [1]. Nous nous retrouvons aujourd'hui plus que jamais face à ce dilemme, dont les approches restent toujours très doctrinaires, alors que les problèmes, tels que nous les avons décrits au cours des précédents chapitres, deviennent de plus en plus aigus. Pour paraphraser le titre d'un autre ouvrage récent, nous nous trouvons en fait devant un capitalisme, certes triomphant,

1. Voir F. VERGARA, *Introduction aux fondements philosophiques du libéralisme*, La Découverte, Paris, 1992. On pourra aussi se reporter à B. BARRET-KRIGEL, *Les Chemins de l'État*, Calmann-Lévy, Paris, 1986.

mais qui semble à terme travailler contre la survie du capitalisme lui-même[2]. En effet, aussi bien dans son fonctionnement international que dans ses performances nationales, le système capitaliste subit des dysfonctionnements de plus en plus évidents. Les conséquences de ces dysfonctionnements se retrouvent aussi bien au niveau de la dégradation de l'environnement que des énormes blocages de croissance pour de larges zones du tiers monde ou de la marginalisation croissante de certaines couches sociales dans les pays industrialisés.

Le simple bon sens oblige à dire que ces problèmes ne seront pas résolus par des recettes miracles, qu'elles soient inspirées du néo-libéralisme appelant à réduire l'intervention de l'État dans l'économie ou, au contraire, par un interventionnisme post-keynésien réclamant un retour à plus d'État dans le fonctionnement économique. En réalité, les besoins de réforme sont multiformes et portent aussi bien sur les modes de gestion et d'intervention de l'État que sur les comportements des grandes firmes privées. En effet, l'économie de rentes improductives, que nous avons dénoncée tout au long de cet essai et qui mine le capitalisme contemporain, s'est développée du fait d'une extension de certains types d'intervention de l'État dans l'économie, qui ont abouti à déresponsabiliser les dirigeants des grandes entreprises industrielles et bancaires. Rigidités, gaspillages et rentes sont la résultante de comportements globaux affectant à la fois l'État, les grandes firmes privées et les grands organismes internationaux de financement dont nous avons évoqué l'action à plusieurs reprises.

Ces comportements ont pu se développer à la faveur de la rigidification d'idéologies économistes simplistes, dont les croyances ont été largement partagées et qui ont leur origine dans l'évolution des systèmes de puissance politique à l'échelle internationale. C'est ainsi que nous avons vu combien la montée du communisme et le contexte de la guerre froide ont influencé toute la pensée économique. Cette influence s'est traduite par des recettes d'action naïves en matière de relations avec le tiers monde, mais aussi par un accroissement des interventions redistributives des États capitalistes au profit des classes moyennes et des couches les

2. Voir M. Albert, *Capitalisme contre capitalisme*, Le Seuil, Paris, 1991.

plus vulnérables de la population. C'est dans ce contexte que les ingénieurs, les banquiers et les dirigeants des grandes firmes industrielles ont féodalisé leurs pouvoirs économiques, à l'ombre de l'aide protectrice de l'État ; ils ont, de la sorte, échappé à tout système de sanction économique dans la mauvaise gestion des risques, ce qui constitue évidemment la plus forte atteinte à l'esprit même du capitalisme. Or, ce ne sont point ces comportements de type féodal qui sont dénoncés par la plupart des néo-libéraux ; ces derniers sont tellement polarisés sur la nécessité de réduire le rôle économique de l'État qu'ils ne parviennent même pas à percevoir les anomalies de comportement des firmes privées.

C'est ainsi que le monétarisme, en se coupant de toute observation du réel, n'a vu dans l'inflation que le résultat d'un excès global d'interventions de l'État dans l'économie, sans tenter d'analyser les motivations et de distinguer les différents types d'intervention. Sa potion unique, applicable à toutes les situations de façon homogène, à consisté à prôner une déréglementation générale des activités économiques, la réduction des dépenses de l'État en même temps que la baisse des impôts, la manipulation massive et brutale du taux d'intérêt. Dans tous les domaines où les caractéristiques actuelles du capitalisme féodalisé ont fait apparaître en lumière crue le coût des dysfonctionnements économiques, les néo-libéraux n'ont à proposer que les seules médecines énumérées ci-dessus ; leur mise en application aboutit à un resserrement des liens étroits entre l'État, les bureaucraties bancaires et les grandes firmes industrielles privées, et donc à une féodalisation accrue des systèmes économiques ainsi qu'au développement des rentes improductives à la source de l'inflation contemporaine.

Il est curieux que, dans la nouvelle mode d'idéologie économique, aucune critique ne soit adressée au comportement des grandes firmes privées, aux structures oligopolistiques de certains marchés. La théorie néo-classique du grand économiste Alfred Marshall (1842-1924), amplifiée par les travaux de Chamberlin sur la concurrence monopolistique avait pourtant remarquablement montré la logique du comportement de la firme privée, qui l'amène toujours à rechercher une situation de rente de type oligopolistique. En dépit des performances remarquables de beaucoup d'entreprises publiques des pays industrialisés opérant dans le domaine du transport, de la santé ou de la recherche, et des contre-performances évidentes de certaines entreprises privées géantes, la doctrine néo-libérale ne parvient pas à saisir que l'origine des blocages du système économique actuel n'est pas un problème de statut juridique de l'entreprise productrice, mais bien un problème de mode de fonctionnement général du système économique.

Vers une féodalisation accrue des modes de gestion économique par le néo-libéralisme

C'est pourquoi, d'ailleurs, les grands organismes internationaux de financement, tels la Banque mondiale ou le Fonds monétaire international, qui sont aujourd'hui en position de contrôle de l'évolution économique de la plupart des pays du tiers monde comme de ceux de l'ex-bloc communiste, sont moins à blâmer dans l'inadaptation de certaines des recettes d'ajustement structurel qu'ils font appliquer, que la doctrine néo-libérale elle-même dont ces recettes sont issues. Car les grands pays occidentaux qui imposent leurs directives à ces deux institutions et qui tiennent les cordons de la bourse leur ont imposé de n'octroyer leurs différents types de financement qu'en les conditionnant à la mise en application la plus rigoureuse de la médecine néo-libérale. Il ne sert donc à rien de rendre ces organismes responsables de tous les malheurs du tiers monde : la source des problèmes se trouve dans le carcan idéologique dans lequel le néo-libéralisme triomphant s'est enfermé. Ce dernier, incapable d'appliquer intégralement la médecine néo-libérale aux pays industrialisés eux-mêmes, l'exigera avec d'autant plus de zèle pour les pays du Sud asphyxiés par leur endettement externe, lesquels, en tout état de cause, ne savent guère quels moyens alternatifs mettre en œuvre pour sortir de la crise.

Actionnés par les grands pays industrialisés, les organismes internationaux de financement mettent aujourd'hui autant d'ardeur à démanteler les secteurs publics du tiers monde qu'ils en ont mis à les développer au cours des années soixante et soixante-dix. Ces organismes, gérés par des conseils d'administration où la voix des pays industrialisés est majoritaire, ne peuvent donc pas avoir d'autonomie dans l'action économique. Il n'est donc guère utile de les diaboliser et d'en faire des boucs émissaires du nouveau désordre économique mondial. En tout état de cause, les dysfonctionnements des structures économiques des pays que ces organismes assistent avaient atteint un tel degré, au début des années quatre-vingt, que des corrections majeures s'imposaient. Le problème réside en fait plus dans l'absence de dialogue technique constructif sur les modalités de mise en application de l'ajustement structurel entre les responsables des pays concernés et les représentants des puissances industrielles au conseil de la Banque et du Fonds que dans le principe même de l'ajustement.

On peut déplorer aussi que des considérations politiques se mêlent trop souvent à l'envergure de l'aide accordée et à la souplesse des conditions qui y sont attachées. Il en est ainsi en particulier en matière de soulagement du poids excessif de la dette extérieure où deux pays ont connu des allégements massifs (la Pologne pour des raisons de solidarité psychologique, l'Égypte en récompense de son soutien à la coalition alliée lors de la guerre du Golfe en 1991), cependant que le Mexique a pu jouir de solutions techniques originales grâce à un appui multiforme des États-Unis soucieux d'assurer la stabilité politique de ce pays voisin. Mauvais payeurs, le Brésil et l'Argentine n'ont jamais été véritablement sanctionnés ; le Chili de Pinochet ou l'Afrique du Sud ont vu les dettes dont ils ne pouvaient plus assurer le service traitées dans la plus grande discrétion et sans aucune des « grandes messes » auxquelles donnent lieu d'habitude les rééchelonnements. En revanche, par exemple, l'Algérie qui, au prix de lourds sacrifices pour la population, a assuré le paiement régulier de sa dette extérieure (plus de 70 % de ses revenus de commerce extérieur au cours des dernières années) n'a reçu aucun soutien particulier.

On ne s'étonnera pas non plus, dans l'atmosphère idéologique actuelle, que rien ne soit entrepris pour réformer les secteurs privés des pays du tiers monde qui, bien plus que dans les pays industrialisés, jouissent de rentes improductives nées de divers types de situations monopolistiques ou, plus rarement, oligopolistiques. Nous avons décrit, au chapitre 4, le comportement de ce secteur privé et ses relations intimes et malsaines avec le secteur public ; ces relations ont le plus souvent, plus particulièrement dans les pays à commerce d'État ou à contrôle des changes, engendré des situations de rentes échappant à toute taxation. C'est pourtant ce même secteur privé local ainsi que les grandes firmes internationales dont il est l'agent local qui sont aujourd'hui encouragés à étendre leur pouvoir grâce aux opérations de privatisation ; il y a donc de fortes chances pour que le processus de privatisation dans beaucoup de pays du tiers monde, ainsi que dans les pays de l'ex-bloc soviétique, aboutisse à une concentration plus grande encore de la propriété économique aux mains de quelques firmes du secteur privé local, techniquement appuyées par les grandes multinationales[3]. On restera donc dans le cadre d'une féodalisation renforcée des circuits économiques et d'un patrimonialisme de type accapareur dont l'efficacité économique sera faible.

C'est évidemment cette dichotomie simpliste dans l'approche des dysfonctionnements économiques mondiaux entre un secteur public accusé de tous les maux et un secteur privé largement idéalisé qui va renforcer le caractère féodal du fonctionnement des économies. Cette tendance sera d'autant plus marquée dans le tiers monde que les inégalités de revenus entre agents de la fonction publique, d'un côté, et patrons du secteur privé, de l'autre, ont déjà pris, au cours des dernières années, une envergure sans précédent ; le fonctionnaire paupérisé sera donc de plus en plus soumis aux pressions irrésistibles d'une économie de corruption alimentée par les niveaux très élevés de fortune informelle des agents du secteur privé. Alors qu'un État libéral au vrai sens du terme suppose l'existence d'une bureaucratie publique autonome et préservée des tentations de corruption, afin de pouvoir pleinement exercer ses fonctions de régulateur et d'arbitre du marché, cet État deviendra de plus en plus introuvable, au fur et à mesure que se creusera l'écart de revenus entre agents du secteur public et patrons ou cadres dirigeants du secteur privé.

3. On soulignera ici la solution préconisée par la Banque mondiale pour la Russie et les pays d'Europe centrale consistant à distribuer des « bons de privatisation » aux ouvriers et employés des firmes à privatiser ou même à l'ensemble de la population. A terme cependant, sous le coup d'une paupérisation croissante de la population, le risque est grand de voir ces bons rachetés à bas prix par certains des nouveaux riches engendrés par le socialisme d'État.

Changer de style de développement ?

Caricatural dans le tiers monde, ce type de dysfonctionnement existe aussi dans les pays riches, nous l'avons vu ; l'emprise de la Mafia en Italie sur les milieux gouvernementaux nous en donne une image grossissante ; là encore, nous voyons à quel point les problèmes économiques contemporains sont communs à tous les pays, même si la nécessité d'y trouver rapidement des remèdes efficaces est beaucoup plus urgente au Sud qu'au Nord. Mais nous nous heurtons ici à l'impossibilité de trouver des solutions isolées, d'autant que les pays du tiers monde les plus atteints par la crise sont ceux-là mêmes qui ont eu des « styles de développement »[4] très influencés par les grandes approches idéologiques des problèmes économiques en provenance des pays industrialisés ; ces pays ont donc développé une dépendance multiple de type commerciale, financière et technologique à l'égard des pays industrialisés.

A ce sujet, il est frappant de constater que les pays qui ont le mieux échappé à ces styles de développement sont ceux d'Extrême-Orient, le Japon et les nouveaux « dragons ». Ces derniers, à la différence d'autres pays, ne se sont guère embarrassés d'approches théoriques globalisantes. Ils se sont concentrés presque exclusivement sur l'analyse du fonctionnement des filières industrielles, et la maîtrise pratique des principaux procédés techniques en usage dans les filières où ils pourraient déployer un avantage comparatif ; les questions d'organisation industrielle, de systèmes éducatifs en relation avec l'entreprise productive, d'interventions sélectives et ciblées de l'État pour encourager la maîtrise des principales techniques industrielles dans les filières choisies ont été au centre de leurs politiques économiques. En particulier, le travail sur les brevets industriels des principales firmes multinationales a occupé une grande partie des énergies des ingénieurs de ces pays qui sont ainsi parvenus, avec le temps, à imiter puis à améliorer ces procédés, même les plus hermétiquement protégés. A l'inverse, qu'il s'agisse de l'Amérique latine, de l'Afrique ou du Moyen-Orient, l'idéologie « développementaliste » a le plus souvent obscurci la réflexion et

4. Sur la notion de style de développement, on pourra se reporter à l'ouvrage éclairant de C. Comeliau, *Interdépendance et styles de développement*, Études du Centre de développement, OCDE, Paris, 1985.

paralysé l'action efficace, tout comme elle continue de le faire aujourd'hui avec le triomphe des idées néo-libérales.

Mais il est vrai aussi que, dans ces zones dont les échecs dans l'industrialisation contrastent avec les succès d'Extrême-Orient, la proximité des grandes puissances industrielles, le poids du passé colonial encore tout récent ont lourdement contribué à imposer ces styles de développement si négatifs, auxquels ont pu échapper le Japon et les nouveaux pays industrialisés. Ces derniers, beaucoup plus excentrés géographiquement, ont de ce fait été moins soumis au colonialisme économique, et n'ont pas noué des contacts culturels aussi intenses que ceux des Latino-Américains, des Arabes ou des Africains avec l'Europe et les États-Unis ; ils ont pu ainsi échapper beaucoup plus facilement au poids des idéologies qui ont façonné ces styles de développement. Certes, ces nouveaux gagnants dans la course à l'industrialisation connaissent aujourd'hui certains des problèmes des pays anciennement industrialisés, en particulier la pollution ; mais en tant que pays riches, ils sont aussi mieux armés pour y faire face et supporter les coûts d'une politique minimale de préservation de l'environnement, et ce d'autant plus facilement que leur niveau de vie croissant leur a permis de maîtriser la croissance démographique.

Pour les zones en danger, le problème est d'une autre ampleur, car le changement dans le style de développement devra venir des pays industrialisés occidentaux eux-mêmes, qui l'ont mis en place et qui en sont eux aussi victimes. Ces révisions difficiles ne pourront être faites que lorsque l'économie redeviendra politique, pourra retrouver ses racines dans une vision politique du monde fondatrice de règles économiques claires, suscitant l'adhésion. L'économiste devra donc cesser, contrairement à ce qu'il a fait tout au long de ce dernier demi-siècle, de s'évader du domaine politique ; c'est en réalité cette évasion qui, le plus souvent, ainsi que nous l'avons montré, l'a coupé de l'observation du réel, transformé en idéologue mathématicien, cédant à l'ingénieur, au banquier et au statisticien sa place et son rôle dans la décision économique. Mais ce retour de l'économiste à l'économie politique ne sera vraisemblablement possible que lorsque les effets des dysfonctionnements deviendront insupportables dans les pays riches eux-mêmes, en termes d'environnement, d'inégalités de revenus, de déficit des finances publiques, d'accroissement du nombre de marginaux.

En effet, la légitimité des systèmes politiques des pays industrialisés devenant sérieusement menacée, on peut alors penser que les rêves de bonheur universel du siècle des Lumières, qui ont donné naissance aux blocs idéologiques modernes, céderont la place à un renouveau de la réflexion politique. Cette dernière pourra alors être plus proche des préoccupations du nouveau « tiers état » que le féodalisme économique moderne a engendré ; l'économie pourra ainsi redevenir politique, et le politique pourra à son tour répondre aux préoccupations des citoyens et les associer aux prises de décisions.

L'effondrement du système des taux de change fixes à l'origine du désordre économique mondial

Peut-être le plus urgent aujourd'hui serait-il de réfléchir sur la notion d'État de droit économique, qui permet de dépasser la querelle tout à fait stérile sur l'ampleur des interventions de l'État dans l'économie. En fait, l'aspiration la plus féconde du siècle des Lumières, celle qui continue sur toute la planète de motiver les individus pour avoir accès à la vie politique, est bien celle de l'égalité des chances que l'État doit assurer aux citoyens. Tous les mouvements de replis identitaires, de retours fondamentalistes aux sources ethniques ou religieuses, qui fleurissent depuis quelques décennies dans les régions appauvries de la planète, mais aussi dans une moindre mesure dans les pays industrialisés, peuvent être attribués, à maints égards, aux espoirs déçus de voir la loi être la même pour tous, qu'elle protège ou qu'elle punisse.

Nous avons vu en effet, tout au long de notre analyse, que des pans entiers de l'activité économique échappaient aux règles de la loi et donc n'étaient plus soumis aux principes de l'égalité des chances ; la féodalisation des modes de gestion économique et la constitution des rentes improductives, qui ont développé une rationalité propre aux actes de corruption économique, sont une conséquence de l'inexistence de l'État de droit économique. La loi en économie a perdu sa signification ; s'y est substitué un maquis de réglementations, engendrant de nombreux effets pervers et alimentant l'économie de la corruption. Les problèmes posés pas l'application des doctrines néo-libérales viennent de la déréglementation plus ou moins partielle de certaines activités, en particulier dans le domaine financier, sans que soient véritablement restaurées des règles du jeu économiques et financières claires et transparentes, aussi bien dans les relations des citoyens avec l'État et avec l'appareil de production, que dans les rapports entre l'État et l'appareil de production.

L'effondrement de l'État de droit économique a été précipité par les transformations du système monétaire international au cours des années soixante-dix. En imposant au monde, en 1971, la fin de la convertibilité en or du dollar, monnaie de compte et de règlement international, puis en faisant consacrer, en 1976, le système de taux de change flottants, les États-Unis abolissaient les bases mêmes du système d'échange international prédominant depuis le début du XIXe siècle, qui avait permis la formidable ascension du capitalisme industriel mondial. L'étalon universel de valeur perdu, le monde entrait alors dans les désordres monétaires et financiers dans lesquels il se débat toujours. La discipline, que la mondialisation des échanges et la concurrence commerciale entre les nations auraient dû renforcer pour assurer le fonctionnement normal du capitalisme, cédait la place à un monde d'incertitude et de concurrence économique sans règles. Les États-Unis rendaient de la sorte la santé de l'économie mondiale prisonnière de leurs propres performances, cependant que l'émission de moyens de paiement internationaux devenait entièrement dépendante des déficits commerciaux américains, et des nouveaux mécanismes de crédit, échappant au contrôle des banques centrales, liés au développement spectaculaire du marché des eurodollars.

Le développement des économies informelles devenait possible à l'échelle mondiale, y compris l'énorme trafic de drogue et le blanchiment de ses bénéfices, de même que les fuites de capitaux généralisées à l'abri du secret bancaire. La fabrique de dollars était pratiquement libre d'accès, les valises pleines de billets verts pouvaient circuler d'un bout à l'autre de la planète, y compris dans les pays communistes, en règlement de toutes les transactions informelles, sinon illégales. Une fois blanchies, toutes ces masses de moyens de paiement pouvaient entrer dans les circuits monétaires électroniques et s'adonner librement à la spéculation boursière, ou sur les changes, ou encore sur les marchés à terme. Car cette nouvelle épargne doit d'abord se protéger contre les fluctuations brutales des taux de change ou des taux d'intérêt, puis tenter de se multiplier et de se développer ; elle est donc condamnée à spéculer sur les monnaies et les matières premières.

Mais il n'y a pas que cette nouvelle épargne issue des activités informelles qui soit condamnée à spéculer. Les grandes firmes multinationales, y compris les banques, qui ont des activités à l'échelle planétaire, doivent aussi protéger leurs patrimoines, en particulier leurs encaisses liquides, contre les fluctuations des taux de change et des taux d'intérêt. Elles doivent, en outre, tenter de minimiser leurs coûts d'approvisionnement en matières premières ou de maximiser des profits potentiels sur leurs stocks ; elles se porteront donc nécessairement sur les marchés des changes, sur les bourses de matières premières, amplifiant à leur tour les mouvements permanents de hausse ou de baisse des valeurs que la fin du système des taux de change fixe a déclenchés.

Certes, il y aura bien eu une résistance au démantèlement du système monétaire international pratiqué par les États-Unis. En France, le général de Gaulle, conseillé par l'économiste conservateur Jacques Rueff, avait tenté en vain de réclamer un rétablissement du système de l'étalon-or, en lieu et place du système de l'étalon de change dollar-or qui rendait en fait intenable la position américaine dans l'économie mondiale. Dans les années soixante-dix, plusieurs économistes avaient dénoncé l'irrationalité d'un système d'étalon dollar pur, ainsi que le développement inconsidéré des mécanismes de crédit internationaux par le biais du marché des eurodollars. Petit à petit, cependant, les critiques devaient cesser ; les avantages du développement de l'économie informelle et des nouveaux instruments financiers de spéculation monétaire et financière, ainsi que la capacité des pays industrialisés et des grandes firmes multinationales à s'adapter et à tirer profit de l'effondrement du système monétaire international, faisaient progressivement taire les voix dissonantes. Les essais du Fonds monétaire international de trouver un substitut au dollar des États-Unis dans les relations économiques internationales à travers les émissions de droits de tirage spéciaux (DTS) furent abandonnés dès le début des années quatre-vingt. Les pays de la Communauté économique européenne, à travers le système monétaire européen, assuraient une stabilité relative à leurs économies nationales, grâce à la puissance de la monnaie allemande. En Extrême-Orient, la force de l'économie japonaise et du yen permettait aussi d'éviter le chaos.

Le capitalisme, entre-temps, avait perdu tout point de repère ; son internationalisation sauvage et sans règle faisait surtout souffrir les pays situés hors des filets protecteurs de la CEE et du Japon. De vastes zones d'Amérique latine, du Moyen-Orient et d'Afrique étaient laissées hors des circuits de l'industrialisation et en proie à l'étranglement financier. La réponse pour les pays concernés ne pouvait être que toujours plus d'économie informelle improductive et rentière : trafic de drogue et d'armes, contrebande, énormes commissions sur les marchés d'État, fuite de capitaux. Mais ce capitalisme fait souffrir aussi, comme nous l'avons vu, de larges couches de population en voie d'appauvrissement et de marginalisation dans les pays industrialisés eux-mêmes, et contribue à saper le consensus sur la démocratie politique dans ces pays.

Repenser l'économie politique en termes de droit

Refonder l'économie politique implique donc inévitablement, pour l'économiste, d'ouvrir tous ces dossiers et de penser en juriste au sens le plus noble du terme, pour asseoir des règles économiques claires et transparentes qui s'appliquent de façon égale à tous. Dans un monde où l'interdépendance est générale, c'est bien sur le plan international qu'il faut d'abord penser au règne de la loi. C'est pourquoi la première question qui vient à l'esprit est celle du droit de battre monnaie à l'échelle mondiale : ce droit peut-il être laissé aux États-Unis et aux grandes banques internationales ? S'il en est ainsi, quelles règles appliquer, quels devoirs en contrepartie du privilège de l'émission ? Si l'on réfléchit sur la monnaie et les phénomènes monétaires, il faut aussi poser le problème de la fiscalité et donc celui de toutes les rentes improductives non taxées du fait des structures bancaires et financières internationales. Ce sont là des questions de base que l'économiste ne peut longtemps continuer d'ignorer, même si, en dernière analyse, elles sont des questions hautement politiques.

Enfin, si l'on parle de lois et de règles, comment ne pas parler de responsabilité et de sanction ? Le monde actuel d'incertitudes économiques gérées par de grandes féodalités, dont les réunions au Sommet des sept grands pays industrialisés (G7) veulent donner une image d'ordre et de maîtrise, est aussi de plus en plus celui de l'irresponsabilité. Les erreurs de gestion économique ne sont pratiquement pas sanctionnées ; du moins, ce ne sont que quelques rares comparses que des justices nationales poursuivront épisodiquement, tels des fraudeurs boursiers trop indélicats dans le délit dit « d'initié », des passeurs de drogue de second rang dans les pays industrialisés, de premier rang dans certains pays du tiers monde dont la politique générale déplaît au géant américain. Est-ce vraiment suffisant pour dissuader les rentiers d'un système déréglé de continuer leurs activités anti-économiques ?

Mais, peut-être, le délit collectif le plus grave commis par ce système est-il celui de la démission : le refus de regarder les realités en face et de penser à la refondation des bases de l'économie politique. La persistance de la faim dans le monde, la perte de sens du travail[5], les interrogations inquiètes sur l'usage du progrès technique, la multiplication des conflits que l'on dit ethniques ou religieux, alors que l'on se bat le plus souvent pour des privilèges économiques, ou du moins pour ce qui apparaît de façon illusoire comme pouvant assurer définitivement la sécurité économique : autant de facteurs qui auraient dû depuis longtemps nous faire entrer dans des questionnements plus vastes permettant de repenser l'ordre du monde déréglé. Il n'en est rien, car ceux qui dénoncent apparaissent le plus souvent comme des hommes d'excès, de mauvais goût, de parti pris, cependant que ceux qui encensent et apaisent, contre toutes les évidences, sont perçus comme raisonnables et réalistes.

La fin des outrances dues aux imprécations marxistes contre le système capitaliste aurait dû faciliter le retour de la pensée critique et donc la refondation de l'économie politique ; elle semble au contraire avoir paralysé les capacités d'appréhension du réel. Même si de nombreux ouvrages d'inspiration libérale, largement cités tout au long de ces pages, dénoncent les inconséquences du capitalisme dans sa

5. Cette dernière est très bien décrite dans A. Gorz, *Métamorphoses du travail. Quête du sens. Critique de la raison économique*, Galilée, Paris, 1991.

phase actuelle, ils ne mordent pas encore sur la conscience politique générale ; les grands gérants de l'économie-monde peuvent donc continuer en toute quiétude à commettre les mêmes erreurs, personne ne verra la relation qui peut exister entre leurs modes de gestion et la montée si dangereusement évidente des nationalismes et des replis identitaires, fauteurs de guerres et de conflits. En l'absence de tout droit dans le domaine économique et donc de tout système de sanctions, c'est l'État de droit lui-même, dont on est si fier en Occident, qui est progressivement vidé de son contenu : c'est l'espoir démocratique animant le sens de vivre universel qui est profondément rongé.

Enfin, alors que la révolution électronique tout comme les progrès fulgurants de la biologie pourraient ouvrir des perspectives inattendues dans la réorganisation des systèmes économiques, des modes de vie, de la gestion de la production, nous continuons de vivre dans les pesanteurs des dysfonctionnements de l'économie libérale, que ses fondateurs auraient sans aucun doute vilipendés s'ils étaient toujours parmi nous. Là encore, la science économique de cette fin de siècle est bien absente ; ses grands débats théoriques restent loin de ces développements techno-scientifiques spectaculaires, jalousement encadrés par les grandes féodalités économiques et soumis aux besoins du renforcement de leurs rentes.

Mais penser le bien collectif, c'est aussi penser l'État. Or, celui-ci est aujourd'hui l'objet de trop de passions philosophiques[6] ; il est tiraillé de partout, dépecé, asservi financièrement, il n'est même plus un lieu symbolique à partir duquel une réflexion d'économie critique peut se développer. C'est ainsi qu'ont été abandonnés tous les efforts déployés dans les années soixante et soixante-dix, en particulier chez les économistes anglo-saxons pour penser l'État dans sa dimension économique et en dehors de l'opposition stérile entre schémas marxistes et néo-libéraux[7]. C'est pourtant dans cette direc-

---

6. Voir à ce sujet, David E. APTER, *Pour l'État contre l'État*, Economica, Paris, 1988 ; on pourra aussi se reporter à B. BARRET-KRIGEL, *Les Chemins de l'État*, *op.cit.*, ainsi qu'à L. SFEZ, *Leçons sur l'égalité*, Presses de la Fondation nationale des sciences politiques, Paris, 1984.

7. Voir l'ouvrage de base en langue française de C. COMELIAU et H. LECLERC, *Économie non marchande et développement*, Université catholique de Louvain, Louvain-La-Neuve, 1978.

tion que les économistes devraient aujourd'hui s'orienter, s'ils veulent, à l'image de leurs ancêtres du siècle des Lumières, apporter leur contribution indispensable à une refondation du politique. Les féodalités de la modernité économique pourront peut-être la retarder, mais ne pourront pas, à la longue, l'éviter.

Bibliographie complémentaire

Outre les ouvrages cités au cours des chapitres, le lecteur trouvera ci-dessous quelques suggestions de lecture additionnelle.

Sur l'histoire économique et son importance

F.-B. Tipton, *Histoire économique*, Éditions Mentha, France, 1992. – Remarquable petite introduction du directeur du département d'histoire économique de l'université de Sydney à l'utilité de l'histoire économique (64 pages) écrite en langage clair et simple.

Sur la révolution industrielle, les ouvrages sont très nombreux. On signalera ici un des grands classiques de la littérature anglo-saxonne : D.-S. Landes, *The Prometheus Unbound*, Cambridge University Press, Londres, 1969 (traduction en français sous le titre *L'Europe technicienne. Révolution technique et libre essor industriel en Europe occidentale de 1750 à nos jours*, Gallimard, Paris, 1975, 779 pages). Landes est aussi l'auteur d'un remarquable ouvrage sur le pillage de l'économie égyptienne par les banquiers à la fin du siècle dernier (*Bankers and Pachas, International finance and Economic Imperialism in Egypt*, Harvard University Press, Cambridge, 1958).

Un autre ouvrage classique, d'approche marxiste, est celui de E.-J. HOBSBAWM, *The Age of Capital – 1848-1875*, Weindelfeld and Nicolson, Londres, 1975 (paru en français sous le titre de *« L'Ère du capital (1848-1875) »*, Fayard, Paris, 1978, 468 pages).

Outre la série des volumes de *The Fontana Economic History of Europe*, sous la direction de C.-M. CIPOLLA, déjà citée, il faut aussi mentionner la remarquable encyclopédie d'histoire économique de Cambridge, *The Cambridge Economic History*, Cambridge University Press, qui, dans ses volumes VII et VIII (1978), sous la direction de P. MATHIAS et M.M. POSTAN, couvre la période 1750 à 1900 pour les principaux pays européens, les États-Unis, le Japon et la Russie.

On rappellera aussi les travaux bien connus de S. KUZNETZ, professeur à l'université de Harvard ; en français, on dispose de l'un de ses principaux ouvrages : *Croissance et structure économique*, Calmann-Lévy, Paris, 1972, 442 pages (original anglais, sous le titre de *Economic Growth and Structure* », 1965).

Sur la Russie, on signalera l'ouvrage célèbre de A. GERSCHENKRON, *Economic Backwardness in Historical Perspective*, Harvard University Press, 1962, 455 pages.

Sur les États-Unis, on verra R.-M. ROBERTSON, *History of the American Economy*, Harcourt Brace Jovanovich, New York, 1973, 788 pages, ainsi que P. TEMIN, *Casual Factors in American Economic Growth in the Nineteenth Century*, Macmillan Press, Londres, 1985, 80 pages.

Sur la révolution industrielle en Angleterre, on pourra se reporter à :

R.-M. HARTWELL (ed.), *The Causes of the Industrial Revolution in England*, Methuen, Londres, 1967, 177 pages.

De HARTWELL, on pourra aussi se reporter à *The Industrial Revolution and Economic Growth*, Methuen, Londres, 1971, 423 pages.

Sur la compétition entre les États-Unis et l'Angleterre, on verra le bel ouvrage classique de S.-B. SAUL, *Technological Change. The United States and Britain in the 19th Century*, Methuen & C°, Londres, 1970, 195 pages.

Sur la phase précédant la révolution industrielle et où beaucoup d'historiens voient déjà les germes incontestables de toute la croissance industrielle des XVIIIe et XIXe siècles, on se référera à :

Carlo M. CIPOLLA (éd.), *Before the Industrial Revolution, European Society and Economy, 1000 – 1700*, Methuen, Londres, 1976, 352 pages.

LYNN WHITE Jr., *Medieval Technology and Social Change*, Oxford University Press, Oxford, 1962, 194 pages.

J. GIMPEL, *La Révolution industrielle au Moyen Age*, Le Seuil, Paris, 1975.

En particulier, la constitution des empires maritimes hollandais et portugais avec le développement des techniques navales est un facteur important qui va lier durablement l'expansion économique spectaculaire de l'Europe à la colonisation. On se reportera à :

C.-R. BOXER, *The Portuguese Seaborne Empire 1415 – 1825*, Hutchinson, Londres, 1969, 426 pages.

C.-R. BOXER, *The Dutch Seaborne Empire 1600 – 1800*, Hutchinson, Londres, 1965, 326 pages.

D.-K. FIELDHOUSE, *Economics and Empire 1830 – 1914*, Weindenfeld & Nicolson, Londres, 1973, 527 pages.

E.-J. HOBSBAWM, *Industry and Empire – From 1750 to Present Days,* Penguin Books, Middlesex, 1969.

D.-R. HEADRICK, *The Tools of Empire. Technology and European Imperialism in the Nineteenth Century*, Oxford University Press, 1981, 221 pages.

M. de CECCO, *Money and Empire, The International Gold Standard, 1890 – 1914*, Basil Blackwell, Oxford, 1974, 254 pages.

Sur ce dernier thème, nous avons la chance, en langue française, de disposer de la publication des actes d'un colloque extrêmement intéressant : *État et colonisation au Moyen Age et à la Renaissance*, sous la direction de M. BALARD, La Manufacture, Lyon, 1989, 551 pages ; cet ouvrage offre des informations nouvelles sur les relations économiques hégémoniques de Gênes et Venise en Méditerranée, la période des

Croisades, l'Empire ottoman et Byzance ; en bref, « la préhistoire » du colonialisme moderne.

Nous n'avons pas voulu, dans le cœur de l'ouvrage, aborder en détail le problème de la relation entre le colonialisme et la révolution industrielle, objet de vives controverses entre historiens marxistes et non marxistes ; c'est pourquoi nous avons pensé utile de citer ces ouvrages qui permettent une bonne reconstitution historique des origines du colonialisme européen.

Comme on peut le voir, la littérature d'histoire économique est largement dominée par les auteurs anglo-saxons. En France, l'école des *Annales* s'est plus penchée, du fait de sa méthodologie et de son approche historique volontairement émiettée, sur des monographies régionales de la France ou des aspects très particuliers de la vie économique d'une population. Il reste évidemment le monument d'histoire économique européenne que nous a légué François BRAUDEL, *Civilisation matérielle, Économie et Capitalisme, XVe et XVIIIe siècle*, 3 vol., Armand Colin, Paris, 1979, dans une optique d'économie-monde partagée avec le grand historien américain I. WALLERSTEIN, *The Modern World-System, Mercantilism and the Consolidation of the European World-Economy 1600 – 1750*, 2 vol., Academic Press, New York, 1980.

Cette approche par l'économie-monde, au centre de laquelle s'est historiquement trouvée l'Europe, confirme notre propre démarche méthodologique au sein de notre ouvrage refusant de dissocier les problèmes des pays déjà industrialisés de ceux dits du « tiers monde ».

On terminera cette partie de l'orientation bibliographique en citant encore un auteur de langue anglaise qui a ouvert de très fécondes perspectives dans les rapports entre transformations culturelles, sociales et économiques ; il s'agit de K. POLANYI, *La Grande Transformation. Aux origines politiques et économiques de notre temps*, Gallimard, Paris, 1972, 419 pages (original anglais paru en 1944).

Un ouvrage récent nous invite aussi à mieux comprendre le développement de l'économie politique au siècle des Lumières; il s'agit de J.-C. PERROT, *Une histoire intellectuelle de l'économie politique (XVIIe – XVIIIe siècle)*, Éditions de l'École des hautes études en sciences sociales, Paris, 1992, 496 pages.

Sur le développement, le tiers monde et les mécanismes de croissance économique

Nous avons peu cité d'ouvrages généraux sur le tiers monde, en raison même de notre propre démarche qui s'est efforcée d'inscrire les problèmes de sous-développement dans une problématique générale sur le fonctionnement de l'économie mondiale et l'impact des phénomènes politiques et des visions idéologiques sur ce fonctionnement. La littérature sur le thème du sous-développement, qui a été très abondante dans les années soixante et soixante-dix, est d'ailleurs beaucoup plus réduite.

Il faut cependant rappeler ici l'œuvre abondante de G. MYRDAL, en particulier son ouvrage qui était devenu un classique : *Asian Drama, An Iquiry into the Poverty of Nations*, 3 vol., Pantheon, New York, 1968 (résumé en français paru sous le titre de *Le Drame de l'Asie, enquête sur la pauvreté des nations*, Le Seuil, Paris, 1976, 407 pages), qui mettait bien en évidence les erreurs de planification et de politique économique que commettaient les pays du Sud.

Au titre de la littérature marxiste sur l'exploitation capitaliste subie par le tiers monde, on rappellera les travaux d'A. GUNDER FRANK sur l'Amérique latine (en particulier *Le Développement du sous-développement*, Maspero, Paris, 1969) et de SAMIR Amin sur l'Afrique ou sur l'ensemble du tiers monde (en particulier *L'Accumulation à l'échelle mondiale*, Anthropos, Paris, 1971, et le *Développement inégal. Essai sur les formations sociales du capitalisme périphérique*, Éditions de Minuit, Paris, 1973).

On se souviendra aussi de P. JALÉE, *Le Pillage du tiers monde*, Maspero, Paris, 1965, et de T. MENDE, *De l'aide à la recolonisation*, Le Seuil, Paris, 1972 ; ce dernier auteur, haut fonctionnaire des Nations unies, peu suspect de marxisme, a dénoncé avec virulence les procédures d'aide aux pays du Sud. On rappellera encore, dans le même sens, l'ouvrage percutant du regretté F. PARTANT (lui aussi banquier), *La Guérilla économique. Les conditions du développement*, Le Seuil, Paris, 1976 ; ainsi que *La Fin du développement. Naissance d'une alternative ?*, Maspero, Paris, 1982. Pour une critique des mythes du développement et de la coopération entre pays développés et pays pauvres, on pourra aussi se reporter à C. COMELIAU, *Mythes et espoirs du tiers-mondisme*, L'Harmattan, Paris, 1990.

Toujours actuel, on signalera J. FREYSSINET, *Le Concept de sous-développement*, Mouton, Paris, 1966, 367 pages.

Très éclairant dans l'approche que nous avons choisie, on mentionnera C. ELLIOT, *Patterns of Poverty in the Third World*, Praeger, New York, 1975, 416 pages, ainsi que *Third World Employment. Problems and Strategy*, ouvrage collectif sous la direction de E. de KADT, R. JOLLY, H. SINGER et F. WILSON, Penguin Books, Londres, 1973, 447 pages.

On ne peut oublier aussi de mentionner l'œuvre de G. ARDANT, pourtant spécialiste d'histoire de la fiscalité, en particulier son ouvrage *Le Monde en friche*, PUF, Paris, 1959, ainsi que celle de F. PERROUX sur *L'Économie des jeunes nations*, PUF, Paris, 1962, de même que son ouvrage sur *L'Économie du XXe siècle*, PUF, Paris, 1969, célèbre pour les développements sur les économies dominantes et les pôles de croissance.

Outre l'ouvrage de CARDOSO en collaboration avec FALETTO, cité à la page 96, on signalera, du même auteur, *Les Idées à leur place, le concept de développement en Amérique latine*, Éditions A.-M. Métaillié, Paris, 1984, 201 pages, qui contient une forte critique de l'école latino-américaine de la dépendance.

Sur les grandes théories de la croissance et du développement, on pourra consulter :

P. STREETEN, *The Frontiers of Development Studies*, The Macmillan Press, Londres, 1972, 498 pages.

G.-M. MEIER, *Leading Issues in Economics Development*, Oxford University Press, Oxford, 1976, 861 pages.

G.-M MEIER et D. SEERS (éd.), *Pioneers in Development*, Oxford University Press/Banque mondiale, 1984, 372 pages.

B.-F. HOSELITZ (éd.), *Theories of Economic Growth*, The Free Press, New York, 1965, 344 pages.

W.-A. LEWIS, *La Théorie de la croissance économique*, Payot, Paris, 1971, 450 pages (original anglais paru en 1963).

On doit rappeler aussi les travaux éminents de Joseph SHUMPETER ; outre son œuvre majeure, *Capitalisme, socialisme et démocratie*, on pourra se reporter à une œuvre moins connue : *The Theory of Economic Development*, Oxford University Press, 1978, 255 pages (édition originale 1934).

On signalera encore les vues hétérodoxes de J. AUSTRUY, *Les Scandales du développement*, Marcel Rivière, Paris, 1965, 535 pages (y compris une abondante bibliographie analytique et critique rédigée par Guy Caire) ; ainsi que celle de J. GALBRAITH, *Théorie de la pauvreté de masse*, Gallimard, 1980, 164 pages (original anglais sous le titre *The Nature of Mass Poverty*, 1979).

Sur le besoin de renouveler les approches de l'économie et des sciences sociales sur le Tiers monde, on lira les deux numéros de la revue *Espaces Temps* sur le sujet : « tiers monde : faim de théorie », n° 36, 1987, et « Sortir du tiers monde. Espace-monde, nouveaux maillages », n°s 45/46, 1991.

Sur la dette du tiers monde

On pourra consulter un excellent « Que sais-je ? » de J.-C. BERTHELEMY, *L'Endettement du tiers monde*, PUF, Paris, 1990 ; de même, en collection « Repères », P. ARNAUD, *La Dette du tiers monde*, La Découverte, 1984 ; toujours en collection de vulgarisation et de bonne qualité, Ph. NOREL et E. SAINT-ALARY, *L'Endettement du tiers monde*, Syros/Alternatives, Paris, 1988.

On verra aussi B. MAROIS, *Le Risque-pays*, PUF, coll. « Que sais-je ? », Paris, 1990 ; la *Revue française de finances publiques* a consacré son n° 12, 1985, sur « Dette et Tiers monde ». Par ailleurs, de S. GEORGE, outre l'ouvrage sur « L'effet boomerang » de la dette, déjà cité, on verra *Jusqu'au cou. Enquête sur la dette du tiers monde*, La Découverte, Paris, 1988. On verra aussi les actes d'un colloque organisé par la Fondation Liberté sans frontières et publiés par la Fondation sous la direction de F. JEAN, sous le titre *La Dette. Catastrophe ou mutation*, Paris, 1987.

Sur la dette latino-américaine, on pourra se reporter à M.-H. DUPRAT, *La Dette latino-américaine : quelle politique pour quelle crise ?*, Masson, Paris, 1991, 274 pages.

Pour qui voudrait s'informer en détail des pratiques du rééchelonnement de dette, il suffit de se reporter aux introductions des *World Debt Tables* publiées annuellement par la Banque mondiale ; on pourra voir aussi *Analytical Issues in Debt*, J.-A. FRENKEL, M.-P. DOOLEY et P. WICKHAM (éd.),

International Monetary Fund, Washington DC, 1989, ainsi que les actes d'un symposium de la Banque mondiale publiés par ses soins sous le titre *International Debt and the Developing Countries*, G.-W. SMITH et J.-T. CUDDINGTON (éd.), Washington DC, 1985. Enfin, on pourra aussi consulter *Transnational Banks and the International Debt Crisis*, United Nations Center on Transnational Corporations, New York, 1991.

On signalera, de ce même centre des Nations unies sur les sociétés transnationales, une étude exhaustive sur le rôle des firmes multinationales dans l'économie mondiale, sous le titre *Les Sociétés transnationales dans le développement mondial – Tendances et perspectives,* Nations unies, Doc. ST/CTC/89, New York, 1989.

Sur les problèmes de transfert de technologie

Comme nous l'avons souligné dans le cœur de l'ouvrage, une abondante littérature avait fleuri sur ce thème dans les années soixante-dix. Aux ouvrages déjà cités, on ajoutera :

D. ERNST (éd.), *The New International Division of Labour, Technology and Underdevelopment. Consequences for the Third Worls*, Campus Verlag, Frankfurt/New York, 1980, 644 pages. – Il s'agit de la publication des actes d'un colloque tenu en 1978 et consacré à la dépendance technologique et qui fait le point des problèmes qui agitaient alors la communauté des économistes du développement.

La Fin des outils – Technologie et domination, Institut universitaire d'études du développement, Genève, PUF, 1978, 333 pages (actes d'un colloque tenu en 1976).

Un code de conduite pour le transfert de technologie, sous la direction de R.-F. BIZEC et Y. DAUDET, Centre d'études et de recherches internationales et communautaires, université Aix-Marseille-III, Economica, Paris, 1980, 217 pages. – Il s'agit d'un recueil très utile de travaux des membres de la délégation française aux Nations unies dans le cadre des travaux menés à l'époque pour faire adopter un code de conduite internationale sur les transferts de technologie.

M. HIANCE et Y. PLASSERAND, *Brevets et sous-développement. La protection des inventions dans le tiers monde*, Librairies techniques, Paris, 1972, 323 pages.

Ch. MORAZE et *al.*, *Science and the Factors of Inequality. Lessons of the Past and Hopes for the Future,* UNESCO, Paris, 1979, 273 pages.

Industry 2000 New Perspectives, United Nations Industrial Development Organization, United Nations, New York, 1979, 242 pages. – Ouvrage utile parce que s'inscrivant dans les exigences du programme du « nouvel ordre international » des années soixante-dix où une conférence de l'ONUDI à Lima, en 1976, avait fixé pour objectif que la part des pays du Sud dans la production industrielle mondiale passe de 8,5 % en 1975 à 20 % en l'an 2 000.

Transfert de technologie et sous-développement, sous la direction de P. JUDET, Ph. KAHN, A.-Ch. KISS, et J. TOUSCOZ, université de Dijon, Institut de relations internationales, Librairies techniques, Paris, 1977, 557 pages (actes de colloque).

Plus récent, on signalera *Les Tiers Nations en mal d'industrie*, sous la direction de J. de BANDT et Ph. HUGON, Economica, Paris, 1988, 335 pages.

Sur le rôle des ingénieurs dans le tiers monde, il faut citer le très bel ouvrage de C.-H. MOORE, *Images of Development, Egyptian Engineers in Search of Industry*, The MIT Press, Cambridge, 1980, 252 pages ; toujours sur le monde arabe, on signalera une récente table ronde dont les actes ont été publiés dans *Bâtisseurs et bureaucrates. Ingénieurs et société au Maghreb et au Moyen-Orient*, E. LONGUENESSE (éd.), Maison de l'Orient, Études sur le monde arabe n° 4, Lyon, 1990, 438 pages.

Sur l'adaptation des technologies ainsi que le recours à des technologies douces, on pourra se reporter à :

H.-J. DULLER, *Development Technology*, Routledge & Kegan Paul, Londres, 1982, 192 pages.

G. MCROBIE, *Small is Possible*, Abacus, Londres, 1981, 331 pages (un prolongement des travaux de Schumacher).

D. DICKSON, *Alternative Technology and the Politics of Technical Change*, Fontana/Collins, Londres, 1974, 223 pages (voir, du même auteur, *The Politics of Alternative Technology*, Universe Books, New York, 1975, 221 pages).

R.-G. WILKINSON, *Poverty and Progress. An Ecological*

Model of Economic Development, Methuen & C°, Londres, 1973, 225 pages.

En langue française aussi, on pourra se reporter au n° 27 de la revue *Autrement*, octobre 1980, consacré aux « technologies douces ». De plus, un exposé des méthodes d'évaluation de l'impact des technologies peut être trouvé dans *Évaluation sociale de la technologie. Examen d'un choix d'études*, OCDE, Paris, 1978, 327 pages (on verra aussi, de l'OCDE, *Assessing the Impacts of Technology on Society*, 1983), ainsi que chez J.-C. DERIAN et A. STAROPOLI, *La Technologie incontrôlée ?*, PUF, Paris, 1975, 204 pages.

On retrouve tous ces thèmes sous la plume de B. JOUVENEL, *La Civilisation de puissance*, Fayard, Paris, 1976, 206 pages. – Ouvrage remarquable qui montre les limites des mutations technologiques.

Enfin, on signalera l'existence de *Cahiers S.T.S.* (Science – Technologie – Société), publiés par le CNRS en France, dont certains numéros sont particulièrement utiles :
- n° 2, 1984, « De la technique à la technologie ».
- n° 3, 1984, « État, Industrie et innovation technologique ».
- n° 7, 1985, « L'esprit du mécanisme. Science et société chez Franz Borkenan ».

On pourra aussi se reporter aux rapports de l'OCDE sur la science et la technologie (*OECD Science and Technology Indicators*).

Sur les mutations économiques et financières mondiales

Les ouvrages sont extrêmement nombreux ; c'est pourquoi on se contentera ici de deux références qui marquent bien les grandes ruptures par rapport aux années soixante et soixante-dix :

G. LAFAY et C. HERZOG, *La Fin des avantages acquis*, Economica, Paris, 1989, 407 pages.

M. FOUQUIN et D. PINEYE (sous la dir. de), *De Berlin à Bagdad*, Economica, Paris, 1991, 241 pages.

Sur les nouveaux pays industrialisés d'Extrême-Orient, on se reportera à *Les Nouveaux Pays industriels. Défis et opportunités pour les industries des pays de l'OCDE*, OCDE, Paris, 1988, 161 pages ; ainsi que J.-R. CHAPONNIERE, *La Républi-*

que de Corée, un nouveau pays industriel, Notes et études documentaires, n° 4 667-4 668, mai 1982, La Documentation française, Paris, 167 pages.

Sur l'évolution du système monétaire international, on trouvera une très bonne synthèse dans J. DENIZET, *Le Dollar. Histoire du système monétaire depuis 1945*, Fayard, Paris, 1985, 260 pages ; plus ancien, mais très éclairant, on rappellera M. LELART, *Le Dollar monnaie internationale. Le rôle des États-Unis dans la création monétaire internationale*, Albatros, Paris, 1975, 192 pages. Une vigoureuse dénonciation du monétarisme comme instrument de lutte contre l'inflation mondiale et de l'usage du dollar comme monnaie internationale pourra être trouvée dans J. RIBOUD, *Mécanique des monnaies*, Éditions de la RPP, Paris, 1978, 461 pages.

Sur les transformations industrielles, on verra Ch. STOFFAES, *La Grande Menace industrielle*, Calmann-Lévy, Paris, 1978, 790 pages ; ainsi que J. LESOURNE et M. GODET, *La Fin des habitudes*, Seghers, Paris, 1985. Une approche néo-libérale des problèmes de mutation industrielle pourra être trouvée dans H. LEPAGE, *La Nouvelle Économie industrielle*, Hachette, coll. « Pluriel », Paris, 1989, 443 pages. L'importance des petites entreprises pour le maintien de la croissance industrielle est bien soulignée par P. DRUCKER, *Les Entrepreneurs*, Hachette, coll. « Pluriel », Paris, 1985, 363 pages (original anglais sous le titre *Innovation and Entrepreneurship*).

Des vues intéressantes sur les systèmes techniques et leurs relations avec les structures économiques ont été rassemblées dans un ouvrage collectif : *Les Figures de l'irréversibilité en économie*, sous la direction de R. BOYER, B. CHAVANCE, O. GODARD, Éditions de l'École des hautes études en sciences sociales, Paris, 1991, 393 pages (actes de colloque).

Enfin, on lira avec profit P. PAPON, *Les Logiques du futur*, Aubier, coll. « Pluriel », Paris, 1989, 302 pages, ainsi que P.-A. MERCIER, F. PLASSARD, V. SCARDIGLI, *La Société digitale. Les nouvelles technologies au futur quotidien*, Le Seuil, Paris, 1984, 216 pages. Sur les rendements décroissants de la technologie industrielle, on pourra se reporter à O. GIARNI et H. LOUBERGE, *La Civilisation technicienne à la dérive*, Dunod, Paris, 1979, 151 pages (original anglais, sous le titre *The Diminishing Returns of Technology*, 1978).

Table

Introduction. Le sens perdu de l'économie politique.... 9

Des transformations économiques trop rapides dans un appauvrissement de la pensée 9
Le triomphe incontestable du capitalisme industriel ... 11
... s'accompagne aussi de très nombreux échecs 13
Les cheminements et contradictions de la modernité économique 15
L'émiettement des savoirs économiques............ 16
Peut-on encore retrouver un sens à l'économie politique ? 18

1/ Vaincre la pauvreté ou la naissance de l'économie politique **21**

Le prince, le pauvre et le mendiant 21
Naissance de l'État « rationnel » et des débats économiques idéologiques.......................... 23
La reconstitution des économies de rentes improductives.. 26
La fragilisation des statuts socio-économiques issus de l'économie moderne......................... 29
La société libérale en crise 31

2/ L'économiste détrôné par le statisticien et l'ingénieur 34

Les conséquences de l'explosion démographique européenne : compter et construire 34

La fuite de l'économiste dans les modèles abstraits à caractère philosophique et mécaniste 36
L'ingénieur, seul bâtisseur des systèmes de gestion économique 39
La pauvreté de la saisie statistique des réalités économiques 40
L'impossibilité de saisir la pauvreté et la richesse . 41
Le « trou noir » de l'économie souterraine 44
Prouesses de l'informatique, paresse de la statistique 47
L'inversion des rôles entre l'ingénieur, l'économiste et le juriste 48

3/ Les fausses recettes de la modernité économique ... 51

Un facteur méconnu de l'analyse du développement : les migrations 51
Comment l'Europe a réussi à baisser ses taux de natalité sans contraceptifs 53
Les effets pervers des migrations du tiers monde sur le processus de développement 55
Les recettes trop simples du développement ou les raisons de la convergence des recettes libérales et des marxistes 59
L'indigestion de crédits pour le développement et la crise de la dette 64
Les nouveaux credo du monétarisme pour « ajuster » les économies du tiers monde 66
L'apparition des phénomènes de rejet 67

4/ Fondements d'une économie politique de la corruption 69

La corruption : perversion morale ou transaction économique 71
La récurrence du phénomène de corruption d'un siècle à l'autre 72
Vers la reconstitution de la vénalité des charges 73
Le tout à l'État et la renaissance du patrimonialisme 74
L'État développeur contre le développement 76
L'émergence de la corruption et des pénuries hors d'Europe 79

La corruption contre les lois du marché 80
Le trafic d'influence à l'échelle mondiale 82

5/ La féodalisation des modes de gestion de la technique industrielle 85

Les secrets bien gardés des coûts de fonctionnement de l'économie moderne 85
Bureaucratisation des firmes industrielles et des calculs de rentabilité 87
Une controverse oubliée : la technologie peut-elle être appropriée à des contextes historiques différents ? . 88
Les causes de l'impotence technologique des pays du tiers monde 91
La généralisation des blocages des processus de développement au Nord et au Sud 93
La méconnaissance des problématiques de la révolution industrielle dans les visions économiques 95
Confusion intellectuelle et visions idéologiques du développement 96
L'exemple ignoré des processus d'industrialisation du Japon 98
Firmes transnationales et illusions industrialistes dans le tiers monde 101

6/ Le banquier et le contribuable 104

Comment les banquiers, après avoir organisé les finances de l'État moderne, se font contrôler par l'État. 104
La bureaucratie bancaire gérante de l'épargne mondiale 107
Les coûts pour le contribuable des erreurs de la bureaucratie bancaire 110
La gabegie dans les prêts aux États 111
De nouveau les exigences de la croisade contre la pauvreté et le rôle clé de l'ingénieur 114
Les taux de change flottants et l'émergence du monétarisme 117
Le big bang financier, les OPA et les rentes improductives 118

7/ L'impossible réforme des systèmes fiscaux et financiers 122

Le secret bancaire ou la consécration des rentes improductives 122
La suppression des inconséquences juridiques de l'État libéral 125
L'impôt sur la dépense : solution véritable ou utopie ? 127
L'accroissement incontrôlable de l'endettement des États 129
Les ponctions anarchiques sur les contribuables 130
Faut-il continuer de garantir l'épargne au profit du banquier ? 132
L'inadaptation des systèmes fiscaux et bancaires maintient l'impotence technologique de beaucoup de pays du tiers monde 134
Une fiscalité de type économique débarrassée des logiques financières caduques 137

8/ Pour une réhabilitation de l'économie politique 139

Le faux dilemme sur les interventions de l'État 139
Vers une féodalisation accrue des modes de gestion économique par le néo-libéralisme 142
Changer de style de développement ? 145
L'effondrement du système des taux de change fixes à l'origine du désordre économique mondial 147
Repenser l'économie politique en termes de droit 150

Bibliographie complémentaire 154

Composition Aisne Compo - Achevé d'imprimer
en janvier 1993 sur les presses de la SEPC à
St-Amand. Dépôt légal janvier 1993
Numéro d'imprimeur : 120. ISBN 2-7071-2197-5